Nick Arnold

Lauter tolle Teile
– dein Körper

Aus dem Englischen übersetzt
von Anne Braun

Illustrationen von Tony de Saulles

Loewe

Die Deutsche Bibliothek – CIP-Einheitsaufnahme

Lauter tolle Teile – dein Körper / Nick Arnold.
Ill. von Tony DeSaulles. Übers. aus dem Engl. von Anne Braun.
– 1. Aufl. – Bindlach : Loewe, 1998
(Wahnsinnswissen)
Einheitssacht.: Blood, bones and body bits <dt.>
ISBN 3-7855-3205-9

ISBN 3-7855-3205-9 – 1. Auflage 1998
Titel der Originalausgabe: Blood, Bones and Body Bits
Text copyright: Nick Arnold, 1997
Illustrationen: Tony De Saulles, 1997
Originalausgabe veröffentlicht 1996 von Scholastic Ltd.
Umschlaggestaltung: Pro Design, Klaus Kögler
Satz: DTP im Verlag
Gesamtherstellung: Wiener Verlag
Printed in Austria

Inhaltsangabe

Nick Arnold

schreibt schon seit sei-
ner Jugend Geschichten.
Aber dass er sich jemals
so intensiv mit Körper-
teilen befassen würde,
hätte er sich damals
nicht träumen lassen.
Für die Arbeit an diesem
Buch musste er Kranke
untersuchen, sich von
durstigen Blutegeln an-
saugen lassen und sich
mit tödlichen Krankhei-
ten beschäftigen – und
er hatte riesigen Spaß
daran.

Wenn er nicht gerade in Sachen Wahnsinnswissen recher-
chiert, unterrichtet er Erwachsene an einem College. Seine
Hobbys sind Pizzaessen, Radfahren und das Erfinden von
dummen Witzen (allerdings nicht alles gleichzeitig).

Einführung

Biologie ist öde! Und Bio-Hausaufgaben sind nervtötend. Aber am schlimmsten ist dieses Fach, wenn der menschliche Körper auf dem Programm steht. Im Ernst, dreht sich dir bei dem Gedanken an Blut, Eingeweide und klappernde Knochen nicht auch der Magen um?

Ärzte und Lehrer kennen jede Menge Zungenbrecher für Körperteile, von denen du nicht einmal weißt, dass du sie hast. Kannst du dir vorstellen, dass Medizinstudenten 10000 neue Wörter lernen müssen? Und du dachtest, Deutsch wäre schon schwer genug?!

Doch Medizin ist nicht nur für Experten da – sondern für uns alle! Denn jeder hat einen Körper und das Recht zu wissen, was darin vor sich geht. Warum es darin gluckert, knurrt und knackt und vieles andere mehr.

Und genau darum geht es in diesem Buch. Um das, was DU über DEINEN Körper wissen willst. Um die schrecklichen Dinge. Die schrecklich interessanten Dinge. Endlich erfährst du die ganze Wahrheit! Die Wahrheit darüber, was Milliarden von Bakterien in deinem Darm treiben oder was passiert, wenn man ein Gehirn in zwei Hälften schneidet. Du erfährst auch, warum Ärzte ihren Patienten früher Blut-

5

egel aufsetzten. Dein Körper wird für dich in Zukunft kein Buch mit sieben Siegeln mehr sein.

Und wenn du erst mal alles über die tollen Teile in deinem Körper weißt, findest du ihn vielleicht sogar wahnsinnig faszinierend. Dann kannst du deinen Arzt und deine Lehrer mit echt irren wissenschaftlichen Fakten schocken. Und vor allem: Du wirst dich und deinen Körper mit völlig anderen Augen sehen!

Interessante Einzelteile

Ein Monster erwacht ...

Es war längst nach Mitternacht. Der Regen trommelte gegen das Fenster des Mansardenzimmers. Im Schein einer Kerze starrte Baron Frankenstein entsetzt auf die Kreatur, die er aus zerhackten Leichenteilen zusammengebaut hatte. Das Monster war unglaublich hässlich. Plötzlich lief ein Zittern durch den eben noch leblosen Körper. Die Kreatur seufzte wie jemand, der gerade aus einem tiefen Schlaf erwacht ...

KEINE PANIK! Es ist nur eine Geschichte. Mary Shelley schrieb den Roman „Frankenstein" vor fast 200 Jahren. Und niemandem ist es je wirklich gelungen, aus einzelnen Körperteilen einen Menschen zu basteln ... zumindest bis jetzt! Aber für den Fall, dass du es versuchen möchtest – hier ein paar Tipps:

Erster Schritt –
organisier dir eine Leiche.
Ich persönlich musste
sie immer klauen ...

Du meinst, das sei zu grausig, um wahr zu sein? Aber zu Frankensteins Zeiten waren Leichen zum Zerkleinern absolute Mangelware. In den meisten Ländern war das Sezieren (Aufschneiden von Leichen) verboten. Ein großes Problem, denn die Geheimnisse des menschlichen Körpers konnte man nur durch Sezieren erforschen. Aus Verzweiflung wurden viele Wissenschaftler zu Kriminellen.

So ging der Baron auf Leichenklau

Menschen, die Leichen stahlen, nannte man Leichenräuber. Diese wussten, dass Ärzte sich eine frische Leiche etwas kosten ließen, und machten gute Geschäfte damit. Falls du Frankenstein nacheifern willst, solltest du so vorgehen:

Methode 1: Klau dir eine Leiche. Nach dieser Methode ging Andreas Versalius, ein berühmter Wissenschaftler des 16. Jahrhunderts, vor.

1. Warte, bis es dunkel ist.

2. Dann schleich dich an die Stelle, wo tagsüber ein Verbrecher hingerichtet worden ist.

3. Zerschneide die Leiche und versteck die Einzelteile unter deinem Umhang. So kannst du sie an den Wächtern am Stadttor vorbeischmuggeln.

4. Versteck die Einzelteile in deinem Schlafzimmer und setze sie später in aller Ruhe wieder zusammen.

Wenn weit und breit kein Galgen rumsteht, ist die Sache natürlich etwas komplizierter.

Methode 2: Buddel ein Grab auf. Diese Methode war im 19. Jahrhundert in England und Amerika üblich.

1. Zunächst brauchst du ein paar Hilfsmittel: einen Spaten, eine Laterne, ein großes Tuch, einige Seile mit Haken, eine Brechstange und einen Sack.

2. Sobald es dunkel ist, schleichst du auf den Friedhof. Pass auf, dass keine Verwandten oder der Pfarrer in der Nähe herumlungern. Sie könnten möglicherweise versuchen, dich von deiner Arbeit abzuhalten ...

3. Jetzt buddle schnell ein frisches Grab auf. Schütte die ausgegrabene Erde auf das Tuch, damit du sie anschließend rasch wieder zurückschaufeln kannst, ohne groß Spuren zu hinterlassen.

4. Bring die Seile mit den Haken am Sarg an, heb ihn heraus und öffne ihn mit der Brechstange. Psst! Leise!!!
5. Steck die Leiche in den Sack. Dann schütte das Loch wieder zu und nichts wie weg! Länger als eine Stunde darf das Ganze nicht dauern. Und ganz wichtig: Tuch nicht vergessen!

Körper-Puzzle
Stell dir vor, dass es auch dir auf irgendeine Art gelingt, ein paar Leichenteile zu ergattern. Dann kannst du damit anfangen, dein eigenes Frankenstein-Modell zu basteln. Im Unterschied zu einem normalen Puzzle musst du mit den Mittelteilen anfangen, nicht außen (mit der Haut!). Achte darauf, dass du alle Teile richtig anordnest, und vergiss nichts, sonst funktioniert es nicht! Wenn du einen Fehler machst, musst du dein Monster nachher wieder aufschneiden und alles neu anordnen. Hier eine Beschreibung der wichtigsten Körperteile.

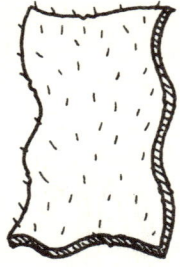

Superelastische Haut

Ein wasserfester, keimabweisender Überzug, besser als jeder Stoff. Er repariert sich nach Beschädigung selbst. Verfügt über ein eigenes Heiz- und Kühlsystem. Außerdem hält die Haut den Körper zusammen.

Fettschicht

Bring unterhalb der Haut eine Fettschicht an. Auch am Bauch und an den Hüften schwabbeln häufig Fettschwarten. Fett hält Kälte ab und ist ein idealer Speicher für die Süßigkeiten, die dein Monster gern nascht. Einen Teil dieses Vorrats wird dein Monster beim morgendlichen Jogging abtrainieren.

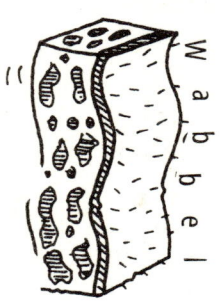

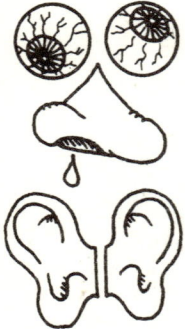

Augen, Ohren, Schniefnase

Extrem wichtig zum Sehen, Hören und Schnüffeln (in dieser Reihenfolge). Die hierbei wirklich interessanten Teile kann man allerdings von außen nicht sehen. Es handelt sich um High-Tech-Geräte, die Informationen in Signale umwandeln, die dann vom Gehirn entschlüsselt werden. Also achte darauf, dass die Nerven ordnungsgemäß verdrahtet sind.

Nützliche Arbeitsgeräte ...

Nadel und Faden zum Zusammennähen des Körpers

Eine Säge, um ein Loch für das Gehirn zu schaffen

Ein Trichter zum Einfüllen von Blut

Sensible Nerven

Sie bilden das Nachrichtennetz deines Monsters. Sie teilen dem Gehirn mit, was los ist und geben dann Befehle vom Gehirn weiter, z. B. , dass die faulen Muskeln sich in Bewegung setzen sollen. Nerven erstrecken sich vom Kopf bis in die Zehenspitzen. Die Hauptnerven laufen im Rückenmark in der Wirbelsäule zusammen.

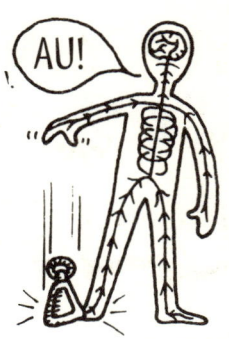

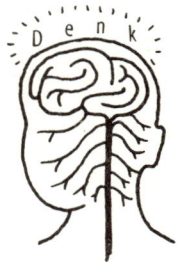

Geniales Gehirn

Das Gehirn ist sozusagen die Schaltzentrale des Monsters. Lege es vorsichtig in den oberen Teil des Schädels, wo es gut geschützt ist. Es enthält alle Erinnerungen und auch die Persönlichkeit deines Monsters. Also sei ein bisschen vorsichtig damit!

Stabiles Skelett

Der Mensch hat 206 Knochen – und manche Leute haben zusätzlich ein oder zwei Überbeine. Knochen sind unheimlich wichtig, damit der Körper aufrecht bleibt und nicht schlaff in sich zusammensackt. Setz die Knochen richtig zusammen! Besonders bei den 26 Fußknochen ist das nicht immer einfach ...

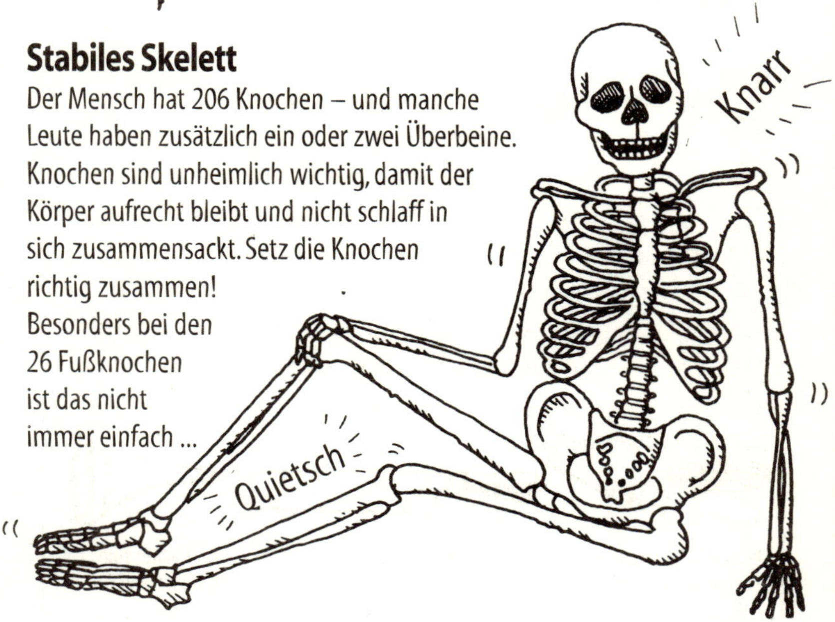

Grässliche Unterhose

Mächtige Muskeln

Muskeln hat jeder, auch wenn man sie nicht bei jedem sehen kann. Wir haben hunderte von Muskeln und sie müssen unbedingt an der richtigen Stelle montiert werden, sonst funktionieren sie nicht. In jede Hand gehören 20 Muskeln – und für jeden Schritt braucht dein Monster 200 Muskeln!

Zähe Zähne

Zähne sind die härtesten Teile deines Körpers, die auch das widerlichste Pausenbrot zermalmen können. Sortiere sie in der richtigen Reihenfolge, und bring deinem Monster bei, sie regelmäßig zu putzen!

Knurrender Magen

Der Magen ist ein glucksender Muskelsack, angefüllt mit halb verdauten Speisen und Magensäften. Nicht unbedingt schön, aber sehr wichtig, denn er verarbeitet das Essen deines Monsters zu Brei.

Liebliche Leber

Ein etwa 15 cm großes bräunlich-rötliches Etwas, eine Art kleines Chemiewerk, das viele verschiedene Aufgaben verrichtet. Es heißt „Leber", weil kein Monster lange ohne „leben" kann – ha ha! Schiebe sie oberhalb der Därme unter das Zwerchfell (Atemmuskel).

Nützliche Nieren

Sie filtern das Blut und entfernen Abfallprodukte aus dem Körper deines Monsters. Menschen und Monster haben jeweils zwei Nieren. Die linke sitzt immer etwas höher als die rechte.

Blut – ein ganz besonderer Saft

Das Blut ist z. B. für Transporte von Nährstoffen zuständig und befördert auch eingeatmeten Sauerstoff zu den Zellen. Aber das ist noch nicht alles! Das Blut enthält auch weiße Blutkörperchen, die Eindringlinge bekämpfen, und Blutplättchen, die dem Körper bei der Selbstheilung helfen. Dein Monster braucht ungefähr 5 bis 5 1/2 Liter von diesem dickflüssigen roten Zeug.

Fleißiges Herz

Dieser lebenswichtige Muskel pumpt das Blut durch den Körper. Bring ihn an der richtigen Stelle an – mehr auf der linken Brusthälfte. Achte auch darauf, dass du das Herz richtig herum einsetzt: Die linke Herzkammer pumpt Blut durch den Körper, die rechte in die Lungen.

Schaumige Lungen

Dieses schwammartige Paar Blasebalge in der Brust kann bis zu sechs Liter Luft aufnehmen. Beim Atmen nimmt dein Monster Sauerstoff aus der Luft auf, der für seine Körperzellen lebensnotwendig ist.

Ganz schön komische Teile

Manche Körperteile kennt man gut. Wir haben alle schon vom Gehirn gehört und auch vom Magen, wenn er knurrt. Aber was ist mit den weniger bekannten Sachen?

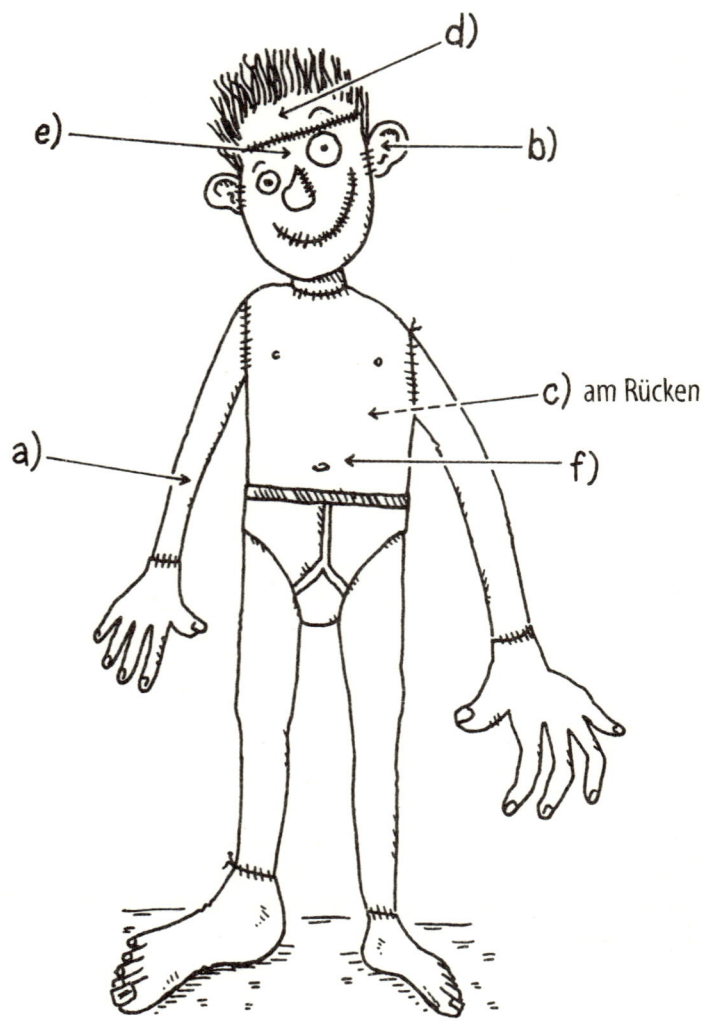

d)

e)

b)

c) am Rücken

a)

f)

Welche der genannten Teile sind einfach zu verrückt, um wahr zu sein? (Wenn du sie auch noch richtig zuordnest, bekommst du die doppelte Punktzahl!)

1 Ovales Fenster
2 Speiche
3 Keilbein
4 Gabelbein
5 Bumerang-Gelenk
6 Pflugscharbein
7 Fahrrad-Sehne
8 Schlingen des Jejunum
9 Nierenbeckenkelch
10 Blumenbach-Delle

Lösung: Richtig: 1b) im Kopf – es gehört zum Hörorgan; 2a) ein Unterarmknochen; 3d) ein Schädelknochen; 6e) Teil des Schädels; 8f) im Dünndarm; 9c) Teil der Nieren. *Falsch:* 4, 5, 7 und 10.

Funktioniert alles?
Während du dein Frankenstein-Monster zusammenbaust, solltest du dich ab und zu vergewissern, ob die einzelnen Teile in Ordnung sind. Am besten, du nimmst ein Mikroskop und schaust nach, ob die Zellen noch leben ...

Geheimnisvolle Zellen
Dein Körper besteht aus etwa 100 Milliarden lebender Zellen. Dass sie leben, sieht man daran, dass in ihrem Inneren chemische Prozesse ablaufen. Jede Zelle ist eine Art Geleekügelchen, das mit bloßem Auge nicht sichtbar ist. Tausende von ihnen sind nur so groß wie der Punkt am Ende dieses Satzes.

Das Innere einer Zelle ist voller Geheimnisse. Winzige Teilchen namens Mitochondrien, die „Kraftwerke" der Zelle, produzieren und speichern Energie. Jede Zelle hat einen Zellkern, der das „Gehirn" der Zelle darstellt. Die Zelle vermehrt sich z. B. durch Teilung des Zellkerns.

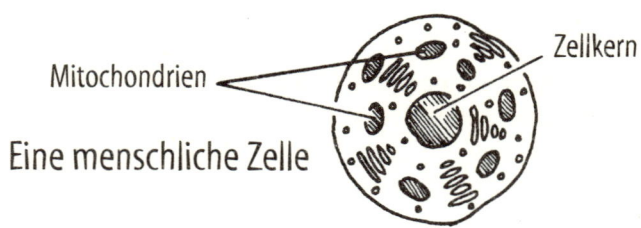

Mitochondrien — Zellkern

Eine menschliche Zelle

Qualitätskontrolle
Wenn du dein Frankenstein-Monster zusammengebaut hast, brauchst du einige tolle und schauerliche Apparate um zu testen, ob in seinem Inneren alles richtig abläuft.

Röntgenstrahlen
Manche Geräte arbeiten mit Röntgenstrahlen, besonderen unsichtbaren Lichtstrahlen. Diese dringen durch Haut, Muskeln und Fett, aber nicht durch Knochen. Deshalb kann man sie auf einem Röntgenbild sehen.

CTG – Computertomographie: Mithilfe eines Bündels von Röntgenstrahlen wird z. B. das Gehirn deines Monsters in Einzelschichten abgetastet und aufgenommen. Man erhält ein dreidimensionales Bild.

ANGIOGRAPHIE: Hier werden die Blutgefäße nach dem Einspritzen eines Kontrastmittels auf einem Röntgenbild dargestellt.

Außerdem gibt es noch jede Menge Apparate, die du in den Monsterkörper hineinstecken kannst um ins Innere zu sehen. Zum Beispiel …

GASTROSKOP: Eine lange, biegsame Röhre mit einer Lampe am Ende. Stecke sie in den Hals des Monsters und schau dir Magen und Darm an.

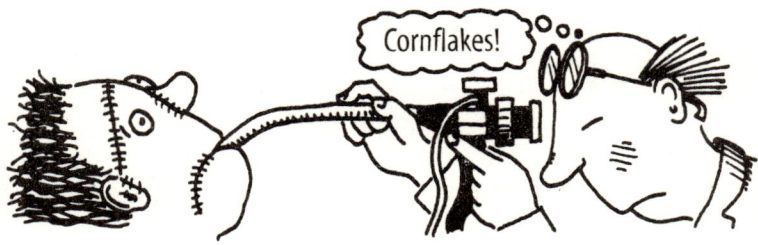

OPHTHALMOSKOP: Augenspiegel, eine helle Lampe mit Sucher, mit der du ins Augeninnere blicken kannst.

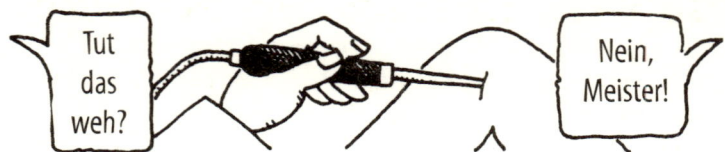

ARTHROSKOP: Dieser Apparat ist so etwas wie ein Teleskop, mit dem du einen Blick in die Gelenke des Monsters werfen kannst.

OTOSKOP: Ohrenspiegel, so ähnlich wie eine Taschenlampe. Hiermit kannst du in die Ohren des Monsters hineinleuchten.

Diese Geräte sind alle sehr nützlich, weil man ohne sie kaum feststellen kann, wie es im Inneren des Körpers aussieht. Das meiste liegt nämlich unter der Haut verborgen. Am besten, wir nehmen sie mal unter die Lupe …

Superschutzschicht: die Haut

Schau dich mal in den dunklen Ecken eurer Wohnung um, dann findest du vielleicht eine hübsche Sammlung von Fingernägeln, Haaren und Hautschuppen. Hautschuppen? Na klar – diese glitzernden Staubteilchen, die man im Sonnenlicht tanzen sieht. Meist sind das Hautschuppen – pro Tag verlierst du etwa zehn Milliarden davon!

Steckbrief: Haut

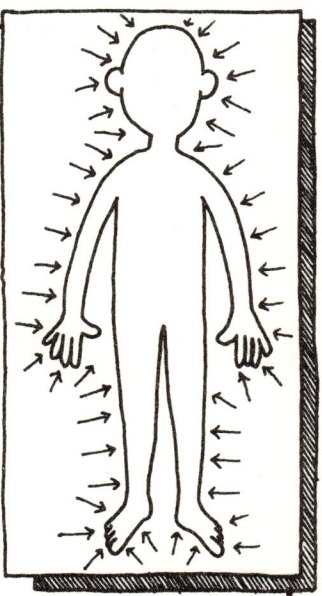

Name: Haut

Fundort: Überall an der Außenseite des Körpers.

Erfreulich: Hält die Körpertemperatur stabil und Krankheitserreger ab.

Weniger erfreulich:
Kann von grässlichen Krankheiten befallen werden wie Furunkeln, Geschwüren, usw.

Sensationell: Die Haut eines Erwachsenen ist zwei Quadratmeter groß. Sie ist das schwerste Organ unseres Körpers und wiegt erstaunliche 3 bis 5 kg, je nach Körpergröße.

19

Widerliche Hautkrankheiten

Ärzte machen nichts lieber, als beim Essen zu lesen. Und was lesen sie am liebsten? Bunte Ärzte-Zeitschriften, mit großen Abbildungen von Hautkrankheiten. Würg! Hier kannst du testen, ob du das Zeug zum Arzt hast. Ordne die unten genannten Krankheiten der Abbildung zu:

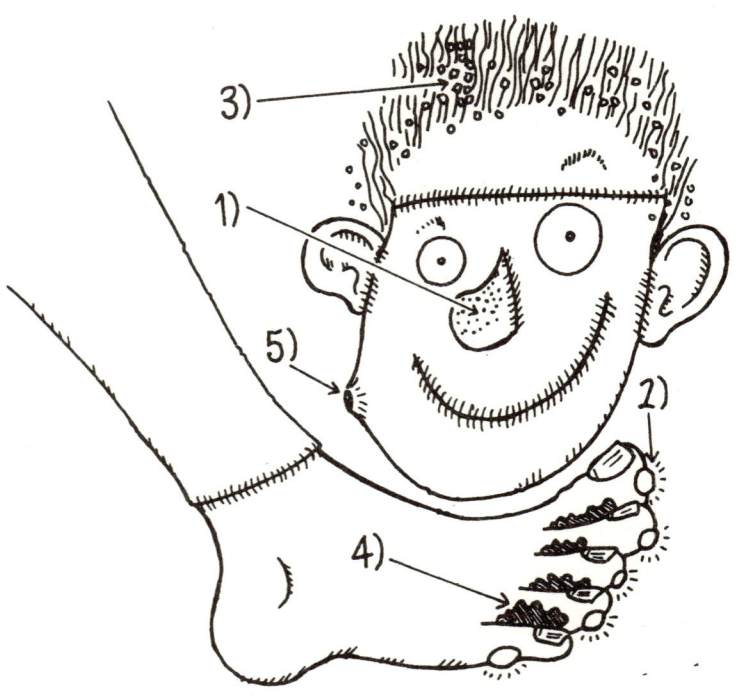

a) Ein Pilz, der zwischen den Zehen wächst, wobei sich die Haut abschält.
b) Eine durch Schweiß oder Fett verstopfte Drüsenöffnung, die anschwillt, bis sie platzt. Dann spritzt Eiter heraus.
c) Schmerzende, juckende Blasen an den Zehen, durch mangelnde Blutversorgung bei Kälte.
d) Klümpchen aus abgestorbenen, verklebten Hautzellen.

e) Fettige, abgestorbene Hautzellen, die sich im Kontakt mit Luft schwarz verfärben.

Nase vorn

Wenn deine Hautprobleme unerträglich werden, bleibt nur der Gang zum Schönheitschirurgen!

Schon gewusst

Die Experten der plastischen Chirurgie können unser Aussehen verändern, indem sie an Knochen herummeißeln, Haut und Knorpel einfügen oder wegnehmen, die verschiedensten Kunststoffteile einbauen. Du kannst dir also ein neues Aussehen zulegen – natürlich nur, wenn du genug Kleingeld hast. (Wie der Popstar Michael Jackson zum Beispiel, der sich mit unzähligen Eingriffen ein neues Gesicht und weiße Hautfarbe zusammenbasteln ließ.) Die ersten „Schönheitsoperationen" gab es schon vor 2000 Jahren in Indien. Dort wurde Verbrechern zur Strafe die Nase abgehackt. Irgendjemand kam auf die Idee, dass die Wunde weniger grässlich aussah, wenn man etwas Haut von der Stirn oder Wange darüber nähte. Die Sizilianer gingen noch einen Schritt weiter. Ein skrupelloser Chirurg schnitt einem Sklaven die Nase ab und nähte sie einem Patienten an, der seine Nase in einer Schlacht verloren hatte.

Aber auch wenn Haut von außen schrecklich aussehen kann – unter ihrer Oberfläche ist sie schrecklich FASZI-NIEREND!

Das haut dich um!

Wenn man einem Erwachsenen die Haut abziehen würde (keine einfache Sache!), könnte man damit eine Fläche von etwa zwei Quadratmetern bedecken. Die Haut eines Kindes ist natürlich etwas kleiner. Die Haut ist das schwerste Organ unseres Körpers und wiegt, je nach Größe, satte 3 bis 5 Kilogramm. Das ist immerhin ein mittelgroßer Kartoffelsack. Die obere Hautschicht ist nur 2–3 Millimeter dick, aber bespickt mit Heiß-Kalt-Sensoren, Blutgefäßen, Fett, Schweißdrüsen usw. Einfach Wahnsinn! Versuch mal, dir deine Haut als unglaublich hoch technisierten, ultramodernen Raumanzug vorzustellen. Hättest du den Mut, ihn zu tragen?

Dein Geburtstagsanzug

Hast du dir je gewünscht, etwas echt Bequemes zu tragen? Etwas, das bei Hitze kühlt und bei Kälte wärmt? Tja, du wirst staunen, aber so einen Anzug trägst du bereits – und zwar seit dem Tag deiner Geburt!

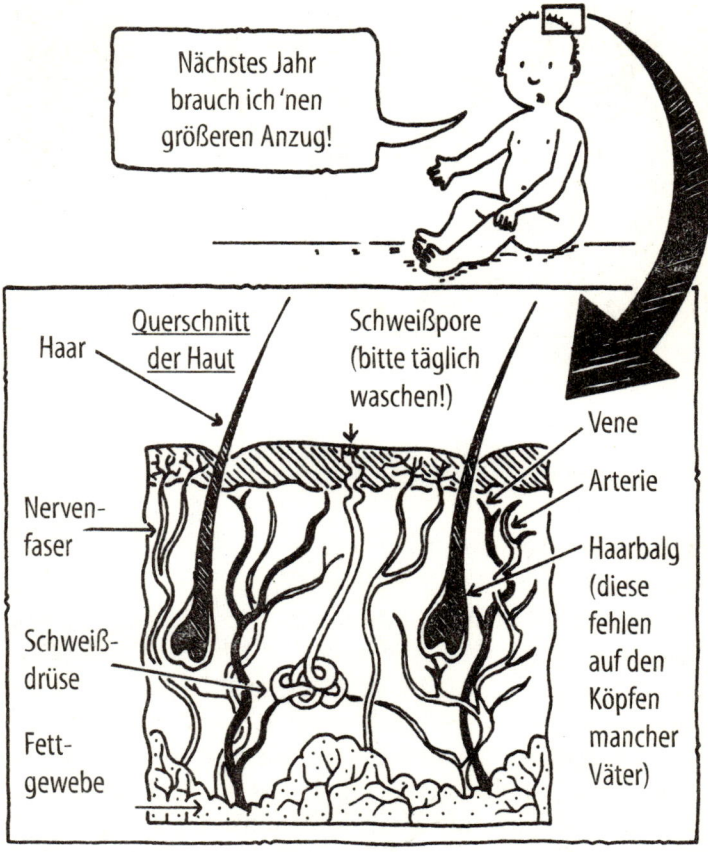

Verblüffe deine Freunde mit deinem Wissen über dieses einmalige technische Wunderwerk, unseren Geburtstagsanzug!

Dein toller

GEBURTSTAGS-ANZUG

Kostenlos erhältlich mit jedem Neugeborenen!

Kein Ausbleichen

Einzigartige Sicherheitsfarben

1. Deinen Geburtstags-Anzug gibt es in verschiedenen Farben, je nach Anzahl der Melanine in den Hautzellen.

2. Normale Kleidung bleicht in der Sonne aus. Dein Geburtstagsanzug hat einen garantierten Bräunungsfaktor. Er schützt dich vor schädlichen Strahlen. Hierfür werden zusätzliche Pigmente erzeugt.

vorne

Farben zur Auswah

Automatisches Kühlsystem

3. Springt (automatisch) an, wenn es zu heiß wird. Die Kühlwasserleitungen produzieren Schweiß, die die Außenhaut kühlen.

4. Garantie: Jeder Geburtstagsanzug enthält etwa 3 Millionen solcher Kühlwasserröhren („Schweißdrüsen"). Sie sind so eng zusammengewickelt, dass aufgerollt jede etwa einen Meter lang wäre.

Warnung

5. Das Kühlsystem verliert bei großer Hitze bis zu 1,7 Liter Schweiß pro Stunde! Also viel trinken, wenn's heiß ist, um das System mit Wasser zu versorgen.

6. Der Schweiß unter den Armen und zwischen den Beinen enthält Stoffe, auf die Bakterien ganz wild sind. Deshalb stinkt alter Schweiß so fürchterlich. (Lies unter Punkt 7 und 9 nach – zum Wohle deiner Mitmenschen!)

7. Manche bekämpften das obige Problem mit Deos. Damit verstopfen sie die Löcher des Kühlsystems. Zum Glück gelingt es dem Schweiß, anderswo zu entweichen – sonst wäre dein Anzug bald überhitzt.

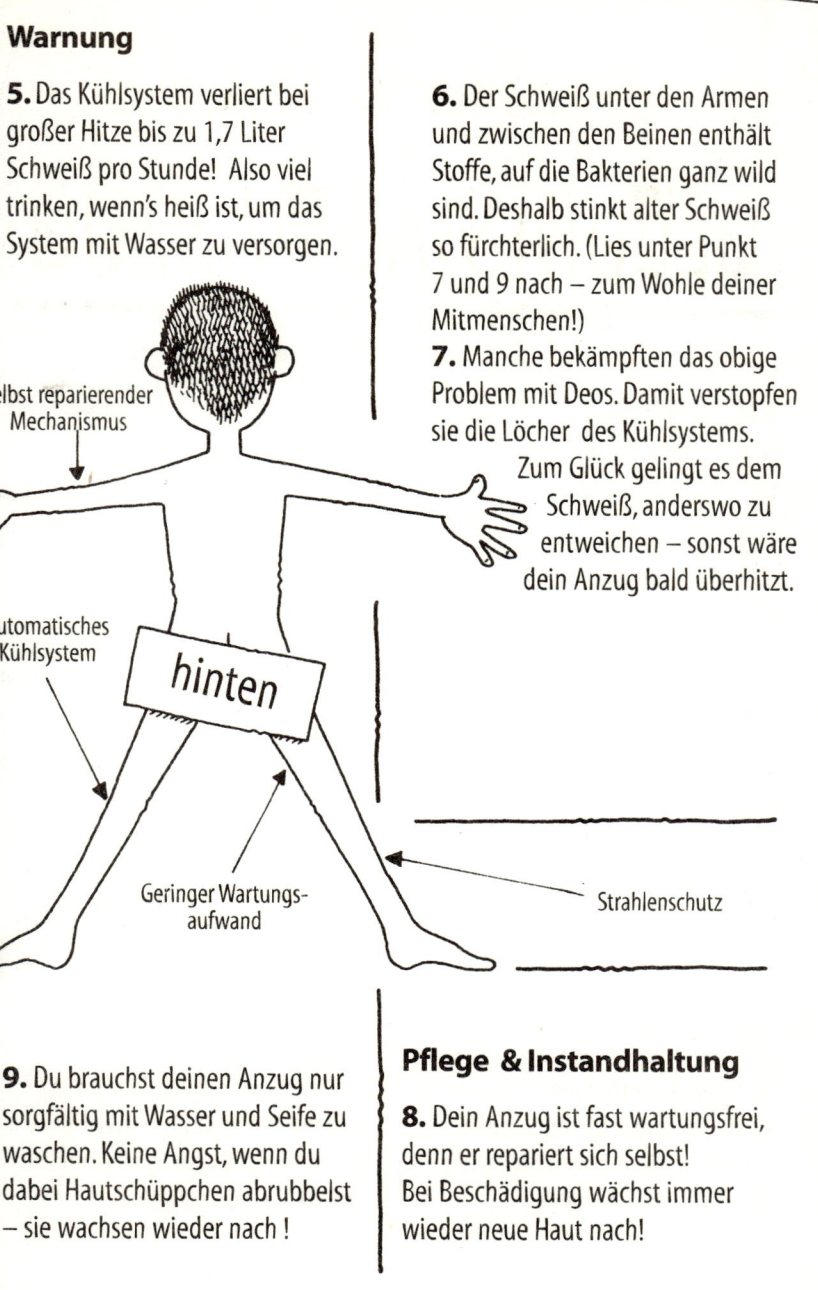

selbst reparierender Mechanismus

automatisches Kühlsystem

hinten

Geringer Wartungsaufwand

Strahlenschutz

9. Du brauchst deinen Anzug nur sorgfältig mit Wasser und Seife zu waschen. Keine Angst, wenn du dabei Hautschüppchen abrubbelst – sie wachsen wieder nach!

Pflege & Instandhaltung

8. Dein Anzug ist fast wartungsfrei, denn er repariert sich selbst! Bei Beschädigung wächst immer wieder neue Haut nach!

Teste selbst ... wie deine Haut funktioniert!

Um dieses Experiment durchzuführen, musst du ein heißes Bad nehmen. (Alle großen Forscher mussten Opfer bringen!)

1 Was passiert, wenn sich die Haut erhitzt? Welche Farbe bekommt sie und warum?
a) Rot
b) Blau
c) Weiß

2 Kontrolliere mit einer Uhr, wie lange es dauert, bis deine Haut schrumpelig wird. Was, glaubst du, bewirkt diesen Effekt?
a) Die Hitze
b) Das Alter
c) Das Wasser

Lösungen: 1 a) Die Blutgefäße unter der Hautoberfläche dehnen sich aus, damit mehr Blut hindurchfließen kann. So wird Hitze über die Haut abgegeben und der Körper überhitzt sich nicht zu stark. 2 c) Deine Haut ist mit einer Wasser abweisenden, öligen Schicht namens Talg überzogen. Doch nach einer Weile dringt das Wasser durch und die darunter liegende Hautschicht saugt sich voll. Deshalb wird die obere Schicht schrumpelig. Lass ja nicht zu viel Wasser unter deine Haut gelangen. Die Zellen saugen sich voll, bis sie platzen! Haare und Nägel zum Glück nicht!

26

Haarige Sachen

Wozu sind Haare und Nägel gut? Haare verstopfen dauernd die Abflüsse im Bad, und unter den Nägeln sammelt sich schwarzer Dreck. Aber Haare und Nägel sind irgendwie auch schrecklich interessant!

Steckbrief: Haare und Nägel

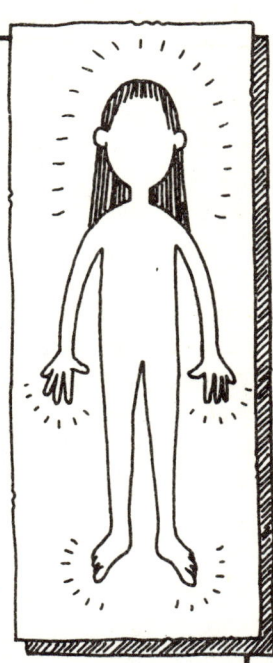

Name: Haare und Nägel

Fundort: Dein Körper ist mit fünf Millionen Härchen übersät. Die längsten befinden sich auf dem Kopf – wer hätte das gedacht? Nägel haben wir an den Fingern und Zehen, aber das weiß ja jedes Kind.

Erfreulich: Haare halten dich warm. Nägel schützen die Finger und Zehen, damit sie nicht bei jeder Berührung gequetscht werden.

Weniger erfreulich: Haare und Nägel sollen sogar nach dem Tod noch eine Weile weiterwachsen.

Sensationell: Sowohl Haare als auch Nägel bestehen aus Horn, einer harten Substanz. Auch Vogelfedern und Dinosaurierklauen sind daraus gemacht.

Haarsträubende Fakten

Hast du Lust, deinen Friseur mit haarsträubenden Fakten zu verblüffen?

1. Die meisten Menschen haben etwa 100 000 Haare auf dem Kopf, Blonde angeblich bis zu 150 000, Rothaarige nur 90 000. (Wer das wohl nachgezählt hat?)

2. Haare wachsen im Monat etwa 1 cm, pro Tag also 0,33 mm. Wenn es warm ist, wachsen sie schneller. Wenn du also am Nordpol leben würdest, müsstest du nicht so oft zum Friseur gehen – und du würdest es auch nicht wollen.

3. Die meisten Haare fallen aus, ehe sie eine Länge von 90 cm erreicht haben. Normalerweise verliert man pro Tag bis zu 60 Haare; wenn es bei dir mehr sind, wirst du bald kahl sein!

4. Ein Haar ist unglaublich zäh, viel stärker als ein Kupferdraht mit demselben Durchmesser. An einem aus 1000 Haaren geflochtenen Seil kann man einen Menschen hochziehen!

5. Wenn du einen Schreck bekommst, richten sich deine Haare auf, weil kleine Muskeln an den Haarwurzeln ziehen. Damit wirkst du auf Gegner größer und Furcht erregender. Auch Tiere plustern sich so vor einem Kampf auf.

Das ist ja zum Nägelkauen!

Da staunt die Maniküre, und die Pediküre wundert sich.

1. Nägel wachsen vom so genannten Nagelbett aus, das unter der Haut liegt. (Dieses Nagelbett hat nichts mit der Liege eines indischen Fakirs zu tun!)

2. Wenn du einen Fingernagel in der Tür einklemmst, wird er nicht mehr weiterwachsen, sondern abfallen. Mit etwas Glück wächst dann aber ein hübscher brandneuer Nagel nach.

3. Zehennägel wachsen manchmal ins Fleisch ein. Das passiert aber nur, wenn du deine Nägel nicht gerade abschneidest. Übrigens: Nägelschneiden ist besser als Nägelkauen!

4. Nägelkauen ist zwar nicht tödlich, aber es sieht unappetitlich aus. Außerdem können sich die Nägel entzünden und jede Menge Bakterien in deinen Mund gelangen. Deinen Tischnachbarn dreht sich der Magen um, wenn du beim Essen auch noch auf den Nägeln herumkaust. (Besonders wenn's die Zehennägel sind!)

5. Wenn du deine Nägel ein Jahr lang nicht schneiden würdest, würden sie um 2,5 cm wachsen.

Aber das ist noch gar nichts, wenn man bedenkt, was andere Leute fertig gebracht haben!

Rekordhalter

Die längsten Fingernägel gehören Shridhar Chillal aus dem indischen Pune Maharashtra. Er schnitt sie sich 1952 zum letzten Mal. Im Jahre 1995 waren die Nägel an seiner linken Hand insgesamt 574 Zentimeter lang.

Die längsten Haare (423 Zentimeter) trägt die Inderin Mata Jagdamba mit sich herum. Das ist erstaunlich, da Haare normalerweise nicht länger als 90 Zentimeter werden und dann ausfallen.

Der längste Bart (533 Zentimeter) zierte das Kinn von Hans N. Langseth aus den USA. Hans weilt leider nicht mehr unter uns – er starb 1927. Doch es ist tröstlich zu wissen, dass sein berühmter Bart in einem Museum bewundert werden kann.

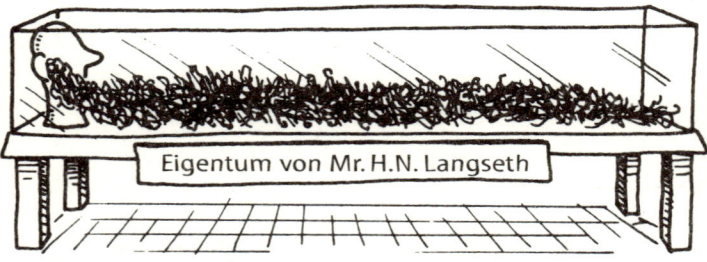

Eigentum von Mr. H.N. Langseth

Der längste Schnurrbart gehört dem Inder Kalyan Ramji Sain. Er wurde 1976 zum letzten Mal gestutzt und hatte 1993 eine Spannweite von 339 Zentimetern erreicht.

Vizemeister: Der Brite John Ray fing 1939 an, seinen Schnurrbart wachsen zu lassen, und 1976 war dieser 189 Zentimeter lang. Doch dann setzte Mr. Ray sich im Bad auf eine Seite und 42 Zentimeter brachen ab!

Mein Lebenswerk ist im Eimer!

Schon gewusst?

Obwohl sie fast überall behaart ist, spürt die Haut beinahe alles. Die menschlichen Fingerspitzen sind sogar so empfindlich, dass sie schon spüren, wenn sich etwas nur einen tausendstel Millimeter weit bewegt. Echt feinfühlig, wie? Und dabei ist der Tastsinn nur EINER unserer fünf sensationellen Sinne!

31

Sensationelle Sinne

Gratuliere! Du bist eine sensible Person: Du hast nämlich fünf sensible Sinne – zum Tasten, Sehen, Schmecken, Riechen und Hören. Ist dir klar, dass die Welt nur dank dieser Sinne für dich Sinn macht? Ohne sie hättest du nicht die leiseste Ahnung, was um dich herum vorgeht!

Sinn-volles Quiz

Was ist hier zu sensationell, um wahr zu sein?

1. Deine Sinne sind so empfindlich, dass sie dir innerhalb einer Viertelsekunde mitteilen, wenn etwas passiert. RICHTIG / FALSCH

2. Deine Augen können acht Millionen Farbtöne unterscheiden. RICHTIG / FALSCH

3. Deine Augen sind 1000-mal lichtempfindlicher als der lichtempfindlichste Film. RICHTIG / FALSCH

4. Manche Menschen können die ultravioletten Strahlen der Sonne sehen. RICHTIG / FALSCH

5. Deine Zunge nimmt einen einzigen Tropfen Zitronensaft wahr, selbst wenn er mit 129 000 Tropfen Wasser vermischt ist. RICHTIG / FALSCH

6. Deine Nase riecht ein altes, stinkendes Paar Socken auf bis zu 200 Meter Entfernung. RICHTIG / FALSCH

7. Deine Ohren erkennen den Unterschied zwischen zwei Tönen, selbst wenn sie nur eine zehnmillionstel Sekunde auseinander liegen. RICHTIG / FALSCH

Ich rieche zwei Paar Käsesocken – das eine ist 200 m entfernt ...

Und das andere Paar?

Das hab ich an!

8. Vom ganz hohen Quieken bis zum tiefen Brummen können deine Ohren 1500 Geräuschabstufungen wahrnehmen. RICHTIG / FALSCH
9. Verschiedene Leute hören die Luft in der oberen Erdatmosphäre rauschen. RICHTIG / FALSCH
10. Dein Körper weiß, wie spät es ist, selbst wenn du dich in einem fensterlosen Raum befindest. RICHTIG / FALSCH

Lösungen: 1. FALSCH: Es geht noch schneller! 2. RICHTIG. 3. RICHTIG. 4. FALSCH: Versuch es lieber nicht! 5. RICHTIG. 6. FALSCH: Aber vermutlich kommt es darauf an, wie sehr sie stinken. 7. RICHTIG – wenn die Töne zu zwei verschiedenen Ohren hereinkommen. 8. RICHTIG. 9. Vermutlich RICHTIG, aber noch nicht nachgewiesen. Einen halben Punkt für diese Antwort. 10. RICHTIG.

Der Tastsinn

Du hast bereits von den empfindlichen Sensoren unter deiner Haut gehört. Okay, aber wusstest du auch, dass es gleich fünf Typen davon gibt? Jeder davon reagiert auf andere Reize. Um dies zu beweisen brauchst du einen tapferen Freiwilligen. Weißt du, welche Sensoren bei den einzelnen Tests angesprochen werden?

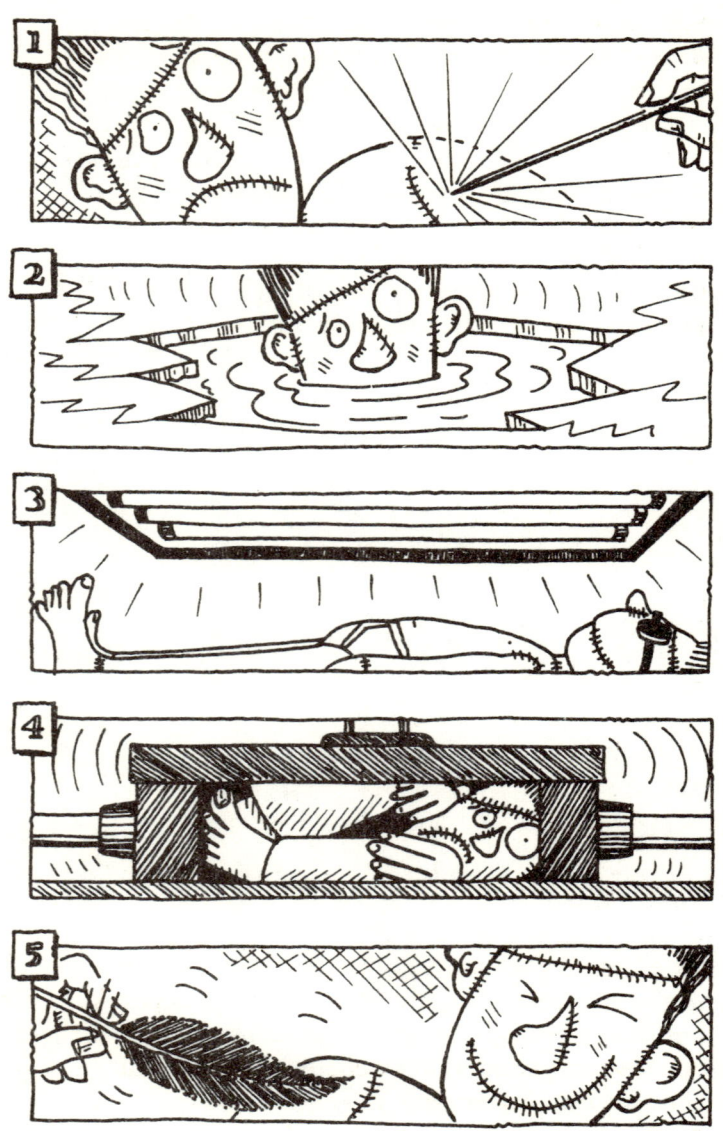

Suche zu jeder der nebenstehenden Abbildungen den passenden Sensor. Einige sind nach den Forschern benannt, die sie entdeckt haben. Dem Mann, der die Schmerzrezeptoren entdeckt hat, gebührt besondere Ehre – es muss eine schmerzhafte Erfahrung gewesen sein!

a) Ruffini-Kolben – zuständig für Wärme
b) Krause-Rezeptoren – zuständig für Kälte
c) Schmerzrezeptoren – Schmerz
d) Meissner-Körperchen – Berührungen
e) Vater-Pacini–Körperchen – Druckreiz

Lösungen: 1 c) 2 b) 3 a) 4 e) 5 d)

Schmerz lass nach!

Vielleicht bist du der Meinung, dass die Schmerzsensoren nichts Besseres zu tun haben, als dir das Leben zu vermiesen. Stimmt – aber auch sie haben ihr Gutes!

Die gute Nachricht – 1
Du hast 500 000 Sensoren, die dich mit der Außenwelt in Verbindung bringen. Hurra!
Die schlechte Nachricht – 1
Und 2 800 000 Nervenfasern, die dich auf schmerzliche Art auf Wehwehchen aufmerksam machen. Buh! Raus!

Die gute Nachricht – 2
Doch zum Glück verfügt dein Gehirn über selbst produzierte Schmerzkiller, die Endorphine. Deshalb kann ein Soldat zum Beispiel in einer Schlacht ein Bein verlieren und trotzdem schmerzfrei weiterhumpeln! Hurra!
Die schlechte Nachricht – 2
Aber kurz danach kommen die Schmerzen – und WIE!

Aber nicht nur das: Manche Leute verspüren Juckreiz an einem Körperteile, das sie längst verloren haben! Komisch!

Die schmerzliche Wahrheit

Schmerz warnt uns, wenn wir uns verletzen. „Halt!", befehlen die Nervenenden. „Und versuch nächstes Mal vorsichtiger zu sein." Eigentlich ganz sinnvoll, oder? Ein bisschen Schmerz ist also gut für dich! Dieser Satz könnte glatt von einem Lehrer stammen! (Und was soll daran gut sein?)

Der Sehsinn

Ein Super-Sinn ist der Sehsinn. Ohne ihn würdest du ständig im Dunkeln tappen! Aber wusstest du schon, dass deine Augäpfel wie kleine, mit wässrigem Gel gefüllte Videokameras sind? Du wärst begeistert, wenn du so ein tolles Gerät unter dem Weihnachtsbaum fändest!

Die sensationelle Augapfel-Kamera

Blendende Aussichten hast du mit diesem kleinen Wunderwerk der Optik! Damit kannst du selbst nachts das schnellste Autorennen verfolgen! Du musst deine Kamera nur in die richtige Richtung halten. Wohin du auch gehst, die Augapfel-Kamera reist mit!

Und das absolut Tollste daran: Zwei von diesen Dingern besitzt du bereits!

DIE AUGAPFEL-KAMERA

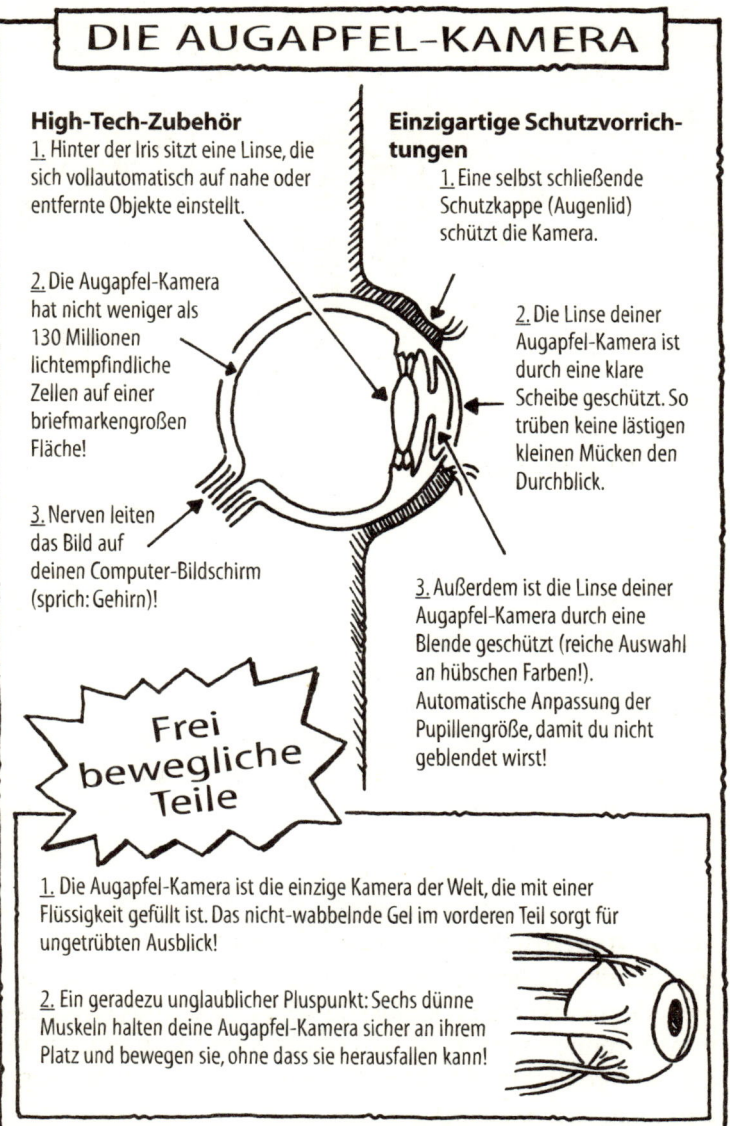

High-Tech-Zubehör

<u>1.</u> Hinter der Iris sitzt eine Linse, die sich vollautomatisch auf nahe oder entfernte Objekte einstellt.

<u>2.</u> Die Augapfel-Kamera hat nicht weniger als 130 Millionen lichtempfindliche Zellen auf einer briefmarkengroßen Fläche!

<u>3.</u> Nerven leiten das Bild auf deinen Computer-Bildschirm (sprich: Gehirn)!

Frei bewegliche Teile

Einzigartige Schutzvorrichtungen

<u>1.</u> Eine selbst schließende Schutzkappe (Augenlid) schützt die Kamera.

<u>2.</u> Die Linse deiner Augapfel-Kamera ist durch eine klare Scheibe geschützt. So trüben keine lästigen kleinen Mücken den Durchblick.

<u>3.</u> Außerdem ist die Linse deiner Augapfel-Kamera durch eine Blende geschützt (reiche Auswahl an hübschen Farben!). Automatische Anpassung der Pupillengröße, damit du nicht geblendet wirst!

<u>1.</u> Die Augapfel-Kamera ist die einzige Kamera der Welt, die mit einer Flüssigkeit gefüllt ist. Das nicht-wabbelnde Gel im vorderen Teil sorgt für ungetrübten Ausblick!

<u>2.</u> Ein geradezu unglaublicher Pluspunkt: Sechs dünne Muskeln halten deine Augapfel-Kamera sicher an ihrem Platz und bewegen sie, ohne dass sie herausfallen kann!

Teste selbst ... wie deine Augen funktionieren!

Natürlich willst du deine grandiose Augapfel-Kamera so schnell wie möglich ausprobieren. Hier also ein paar interessante Tests.

Test 1: Im Dunkeln sehen

Du brauchst einen abgedunkelten Raum, eine Taschenlampe und eine Tomate. Richte die Taschenlampe zuerst auf die Tomate, dann weg von ihr. Was passiert mit der Farbe der Tomate, wenn das Licht abgleitet? Und warum?

a) Die Tomate sieht rot aus, sowohl im Licht als auch außerhalb. Weil das Auge auch im Dunkeln Farben erkennt.
b) Die Tomate sieht im Licht rot aus, außerhalb grau. Weil das Auge im Dunkeln keine Farben sieht.
c) Die Tomate sieht bei Licht rot aus, ansonsten blau. Weil die Dunkelheit die kleinen lichtempfindlichen Zellen im Auge durcheinander bringt.

Test 2: Teste deine Pupillen

Du brauchst einen abgedunkelten Raum und einen Spiegel mit Lichtquelle darüber. Warte, bis deine Augen sich an die Dunkelheit gewöhnt haben. Halte das linke Auge mit einer Hand zu und schalte das Licht über dem Spiegel an. Deine unbedeckte Pupille schrumpft plötzlich. Was passiert mit der anderen?

a) Ihre Größe verändert sich nicht.
b) Sie schrumpft auch.
c) Sie vergrößert sich.

Test 3: Das Geheimnis des verschwundenen Augapfels

Halte das Buch dicht vor deine Nase und schließe das linke Auge. Blicke mit dem rechten Auge auf die linke Augapfel-Abbildung. Dann bewege das Buch langsam von dir weg. Warum verschwindet der rechte Augapfel?

a) Das Auge kann sich in einer gewissen Entfernung nicht scharf einstellen.
b) Die lichtempfindlichen Zellen haben eine Lücke.
c) Die lichtempfindlichen Zellen reagieren wegen Übermüdung nicht mehr.

Lösungen: 1 b) Auf der Netzhaut jeden Auges gibt es sieben Millionen lichtempfindliche Zäpfchen, die auf Farben reagieren (Rot, Grün oder Blau). Doch nur bei Helligkeit. Die 124 Millionen Stäbchen, die in der Dämmerung aktiv werden, sehen nur Schwarz und Weiß. 2 b) Die Pupillen arbeiten immer im Gleichtakt. 3 b) Jedes Auge hat einen blinden Fleck, und wenn ein Gegenstand darauf fällt, kann man diesen nicht mehr sehen. Der blinde Fleck ist die Stelle, an der der Sehnerv aus dem Augapfel austritt.

Hüte deine Augäpfel!
1. Du brauchst nicht besonders auf deine Augen aufzupassen! Das erledigt dein Körper für dich.

2. Augäpfel gibt es nur im Set mit einer eingebauten Scheibenwaschanlage – unter der Bezeichnung „Weinen" bekannt.

3. Zum Glück weint der Mensch nicht nur, wenn er traurig ist. Wir produzieren bei den verschiedensten Anlässen Tränen: wenn wir krank sind, husten, etwas ins Auge bekommen oder wenn wir besonders heftig lachen!

Ein Jammer – sie hat nur den zweiten Preis mit 25 000 Mark gewonnen!

4. Auch beim Blinzeln wird Tränenflüssigkeit über dem Augapfel verteilt. Einmal blinzeln dauert 0,3 bis 0,4 Sekunden. Folglich blinzelst du eine halbe Stunde pro Tag oder fünf Jahre deines Lebens. Meine Güte, was für eine Augenwischerei!

5. Ungeweinte Tränen vertrocknen in einem Kanal, der in die Nase führt. Vertrocknete Tränen findest du auch morgens als Sand in den Augenwinkeln!

6. Jedes Auge wird von etwa 200 Wimpern geschützt. Eine Wimper hält drei bis fünf Monate, ehe sie ausfällt und eine andere nachwächst.

7. Unten an den Wimpern sollen winzige Milben leben. Sie sollen acht Beine haben und wie Mini-Alligatoren aussehen! Aber keine Panik, sie tun dir nichts. Im Gegenteil, sie sind nützlich, weil sie schädliche Keime verschlingen!

8. Wenn du trotz aller Bemühungen schlecht siehst – versuch es doch mal mit einer Brille!

Das erste Fernglas

Einer der ersten Menschen, der eine Sehhilfe benutzte, war der römische Kaiser Nero. Wenn er die wüsten Spektakel verfolgte, bei denen wilde Löwen arme Sklaven in Stücke rissen, blickte er durch einen geschliffenen Smaragd. Nun ja, über Geschmack lässt sich bekanntlich streiten ...

Beiß zu!

Geschmacks- und Geruchssinn

Diese beiden Sinne haben einen ziemlichen Haken. Klar, sie sind beide phänomenal! Sie ermöglichen uns sensationelle Erlebnisse wie den Genuss unserer Lieblingsspeisen oder des zarten Duftes einer Rose. Aber sie setzen uns ebenso den abscheulichen Aromen dieser Welt aus!

Reine Geschmacksache

Um mehr über den Geschmackssinn zu erfahren, bleibt es dir nicht erspart, einen Blick in dein Sabbermäulchen zu werfen. Also stell dich vor den Spiegel und sag: „Aaaah!" Jetzt betrachte deine Zunge!

Siehst du die kleinen Unebenheiten und Linien? Die kleinen Linien sind mit ungefähr 8 000 Geschmacksknospen voll gepackt, die per Nerven mit dem Gehirn verkabelt sind. Diese Knospen sind jeweils auf Süßes, Saures, Salziges und Bitteres spezialisiert.

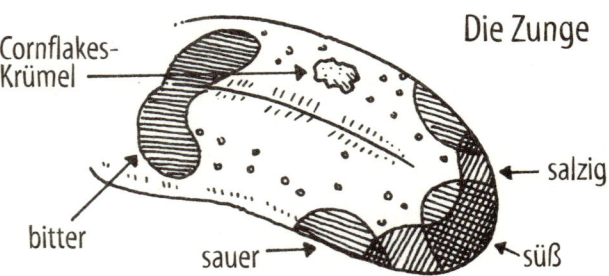

Apropos Bitteres: Wozu muss man bittere Dinge überhaupt schmecken? Die mag doch sowieso kein Mensch! Nun, die meisten sollst du auch nicht essen, sondern am besten gleich wieder ausspucken. Gift schmeckt nämlich meist bitter! Deshalb sagen dir deine treuen Geschmacksknospen Bescheid, wenn du gerade dabei bist, dich versehentlich zu vergiften!

Superschnüffler

Deine Riech-Ausrüstung besteht aus einem 2,5 cm^2 großen Fleck in der oberen Nasenhöhle. Diese Riechschleimhaut ist mit über 500 Millionen Härchen besetzt.

Die Riechhärchen haben einen echt ätzenden Job – jeweils zu acht hängen sie als fadenförmige Ausläufer im Rotz herum. Gerüche schweben in winzigen Molekülen durch die Luft. Wenn ein solches Duft-Molekül auf einem Riechhärchen landet, wird eine chemische Reaktion ausgelöst und ein Signal an die Nerven weitergegeben.

Einfach dufte!

Dein Geruchssinn ist 10 000-mal empfindlicher als der Geschmackssinn! Deine Nase nimmt ein einziges Molekül vom Sekret eines Stinktieres wahr, selbst wenn es mit 30 000 000 000 Frischluftmolekülen vermischt ist. Gar nicht übel!

Schon gewusst?
Du verwechselst häufig Geruch und Geschmack, denn ...
1. Sie arbeiten zusammen, damit du das leckere Aroma deiner Leibspeise besser genießen kannst.
2. Wenn du deine Pommes futterst und denkst: ,, Wow, superlecker ", riechst du sie in Wirklichkeit.
3. Wenn du sie nicht auch riechen könntest, würden sie wahrscheinlich wie Pappe schmecken.
4. Was passiert, wenn du einen richtig fiesen Schnupfen hast? Deine Nase ist restlos verstopft – und weil du nicht riechen kannst, schmeckt auch das Essen nach nichts. Gemein?

Das Gehör

Ohren sind merkwürdige Apparate. Denk nur daran, wie komisch manche Ohren aussehen. Und weißt du was? Im Inneren sehen sie noch komischer aus. Du wirst staunen ...

So funktionieren die Ohren

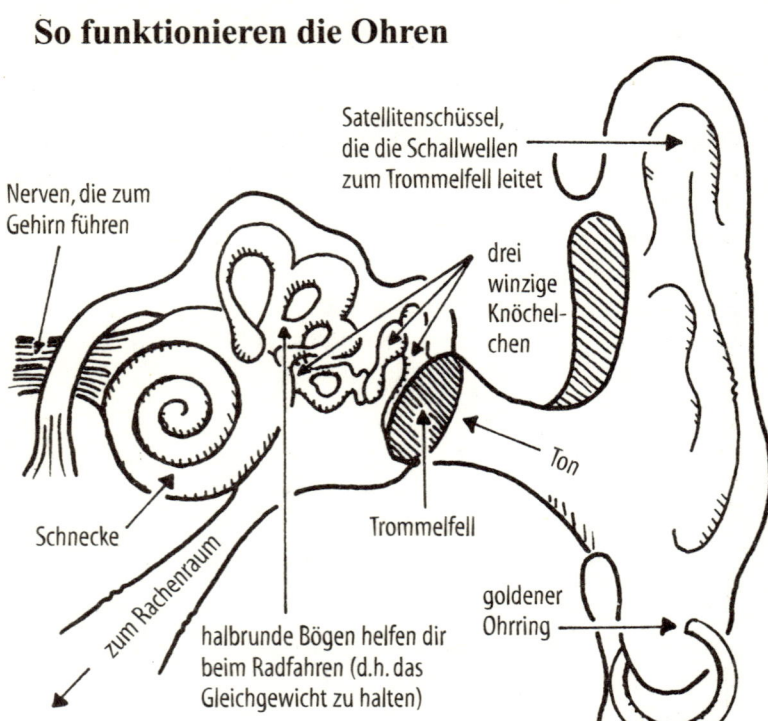

Satellitenschüssel, die die Schallwellen zum Trommelfell leitet

Nerven, die zum Gehirn führen

drei winzige Knöchelchen

Ton

Schnecke

Trommelfell

zum Rachenraum

halbrunde Bögen helfen dir beim Radfahren (d.h. das Gleichgewicht zu halten)

goldener Ohrring

Deine Ohren arbeiten wie zwei Satellitenschüsseln, die mit einer Trommel verbunden sind, diese wiederum mit einem Triangel und einem Stöckchen, das an ein Mikrofon mit einer Art Wasserwaage angeschlossen ist. Alles klar?

1. Deine Ohren fangen wie Satellitenschüsseln Signale aus der Luft auf und leiten sie in eine zentrale Öffnung. In diesem Fall handelt es sich um Schallwellen.

2. Das Trommelfell ist wirklich so etwas wie eine kleine Trommel. Es vibriert, wenn ein Ton darauf trifft.

3. Durch die Vibrationen des Trommelfells beben die drei kleinen Knöchelchen wie ein Triangel, der mit einem Stöckchen angeschlagen wird.
4. Die Schnecke nimmt den Ton auf und verwandelt ihn in Nervensignale, die an das Gehirn weitergeleitet werden. Sie funktioniert ähnlich wie ein Mikrofon, das Geräusche aufnimmt und per Kabel weiterleitet.
5. Die halbrunden Bögen sind – wie eine Wasserwaage – mit einer Flüssigkeit gefüllt, die bei jeder Bewegung herumschwappt. Sensoren im Inneren sorgen dafür, dass du das Gleichgewicht behältst – besonders für Seiltänzer extrem wichtig!

Warnung! Nicht weiterlesen!

Lieber Leser,

liest du diese Seite in einem Auto oder auf einem Schiff? Tu's nicht!!
Wenn du versuchst, dich auf etwas zu konzentrieren, das sich bewegt (wie jetzt gerade), kommen die Bogengänge im Ohr durcheinander. Dein Gehirn wird mit verwirrenden Signalen bombardiert, was (einer Theorie gemäß) bewirkt, dass dir schlecht wird!

P.S. Wenn dir schon leicht übel sein sollte – spuck bitte nicht auf dies Buch! Sonst kleben nachher die Seiten zusammen.

P.P.S. O nein, schon zu spät!

Teste selbst ... warum deine Ohren „plopp" machen!

Hör dir einmal beim Gähnen zu. Wahrscheinlich hörst du gleich zu Beginn ein leises Knacken – falls nicht, üb weiter. Woher kommt dieses Geräusch? Hinweis: Es hat etwas mit deiner Eustachischen Röhre zu tun – einem nützlichen kleinen Tunnel, der vom Rachen ins Innenohr führt.

1. Die Röhre schließt sich zum Schutz des Innenohrs, damit du es nicht versehentlich hinausgähnst.
2. In der Röhre sitzen kleine Knorpel, die klingen, wenn Luft an ihnen vorbeischwirrt.
3. Durch diese Röhre gelangt die beim Gähnen zusätzlich eingeatmete Luft ins Innere der Ohren.

Lösung: Die Röhre ist normalerweise geschlossen, öffnet sich jedoch bei Druckveränderungen. Zum Beispiel dann, wenn du schnell einen steilen Berg hinauf- oder hinuntersteigst oder tief einatmest.

Be-sinn-liches

Jeder der fünf Sinne ist auf seine Art einmalig und großartig. Aber sie haben eines gemeinsam. Sie brauchen jemanden oder etwas, mit dem sie kommunizieren können und der ihnen rasch antwortet. Deshalb übermitteln sie ihre Eindrücke an eine zentrale Stelle – an dein absolut geniales Gehirn.

Geniales Gehirn

Dein Gehirn ist echt genial. Erstaunlich, verblüffend, unglaublich und Schwindel erregend faszinierend. Und absolut einzigartig in der Natur. Wie schafft es diese knapp drei Pfund schwere graue Schwabbelmasse, leistungsfähiger zu sein als der leistungsfähigste Computer im gesamten bekannten Universum?

Was macht das Gehirn den lieben langen Tag?
Tja, wenn wir das wüssten!

Im Gegensatz zu anderen Körperteilen, die unermüdlich Blut pumpen oder herumhüpfen oder heldenhaft die angreifenden Bakterien bekämpfen, scheint unsere Schaltzentrale nichts Aufregendes zu tun. Es sitzt einfach nur da, wabbelt nervös, sieht aus wie ein wässriger Pudding und gluckert, wenn man einen Finger hineindrückt.

Tatsächlich ist das Gehirn aber ständig in Aktion. Selbst wenn es nichts zu tun scheint, knistert in seinem Innern die elektrische Energie von Millionen von Nerven – sag das deinem Lehrer, wenn er dich das nächste Mal beim Dösen ertappt!

Mit einer irren Geschwindigkeit feuert dein Gehirn ständig Signale, Gefühle, Befehle und Gedanken ab. Für diese Höchstleistungen braucht es natürlich ganz schön starke Nerven … und zwar nicht wenige davon.

Steckbrief: Nerven

Name: Nerven

Fundort: Sie bilden ein Netzwerk durch den ganzen Körper, verlaufen jedoch in erster Linie zwischen Rückgrat und Gehirn.

Erfreulich: Sie leiten Informationen von den Sinnen zum Gehirn und Befehle des Gehirns in den Rest des Körpers.

Weniger erfreulich: Wenn du eine Batterie an die Nerven eines abgehackten Fingers anschließt, zuckt er. Wenn das nichts für die nächste Bio-Stunde ist!

Sensationell: Nerven können Signale mit 100 m pro Sekunde weiterleiten – und das ist noch nicht die Spitzengeschwindigkeit!

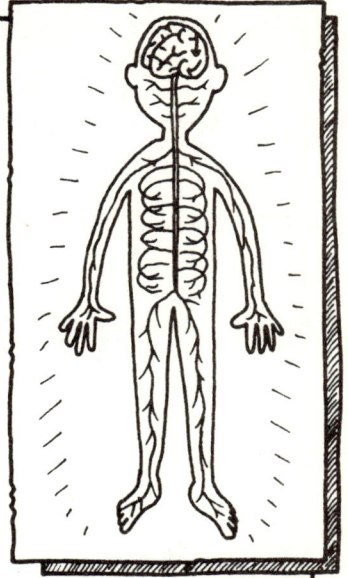

Blitzschnelle Signale

Die Botschaften der Nerven sind elektrische Signale. Die Signale werden durch Überträger-Stoffe weitergeleitet, die beim Eintreffen des Signals von der Zelle ausgeschüttet werden.

Die Reflexe: einfach gedankenlos!

Die Signale der Nerven gehen zum Gehirn um diesem mit-
zuteilen, was in den Körperteilen los ist. Aber einige sind
so schnell dort, dass dein Körper reagiert, noch ehe du dir
darüber im Klaren bist und ihn kontrollieren kannst. Aber
wenn Reflexe Aktionen sind, die wir ohne nachzudenken
ausführen, welche der folgenden Tätigkeiten sind dann
keine Reflexe?

1. Bei Hitze die Hand wegziehen

2. Blinzeln

3. Fahrrad fahren

4. Niesen

5. Sich morgens waschen

6. Wenn sich vor Schreck die Haare sträuben

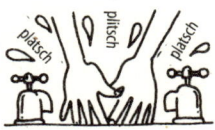

7. Die Augen verdrehen

8. Frühstücken

Lösungen: Reflexe: 1, 2, 4, 6; keine Reflexe: 3, 5, 7, 8.

Teste selbst … was Reflexe sind!

Bist du irgendwann schon mal von einem Arzt mit einem kleinen Gummihammer an die Kniescheibe geschlagen worden? Wenn ja, dann wollte er vermutlich einen Reflex testen, der beim Gehen in Betrieb ist. So kannst du ihn ohne fremde Hilfe testen.

1. Schlage ein Bein locker über das andere.

2. Schlage leicht auf das obere Bein, unterhalb der Kniescheibe. Was passiert?

a) Das Bein schnellt nach vorne.

b) Das Bein schnellt nach hinten.

c) Auf dem Unterschenkel bildet sich ein kleiner Bluterguss.

Ich sagte: Kleiner Gummi-Hammer!

Reflexe sind okay, doch wenn du etwas echt Interessantes machen willst, musst du dein Superhirn befragen.

Steckbrief: Gehirn

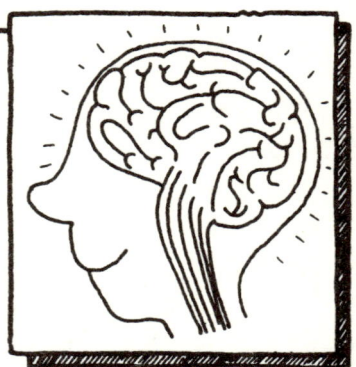

Name: Gehirn

Fundort: Im oberen Bereich deines Schädels.

Erfreulich: Kommandiert den Rest des Körpers herum. Zuständig für Erinnerungen, Gedanken, Träume, usw.

Weniger erfreulich: Gleich nach der Geburt beginnen die Gehirnzellen abzusterben. Und sie wachsen nicht nach!*

Sensationell: Das Gehirn besteht zu über 80 Prozent aus Wasser!

*Zum Glück besitzt du anfangs etwa 15 Milliarden graue Zellen – das reicht für ein ganzes Leben! Denn du hast:
→ dreimal mehr als ein Gorilla.
→ sieben Millionen Mal mehr als eine Heuschrecke.
→ und etwa 900 Millionen Mal mehr als die kleinen Würmer, die sich manchmal im menschlichen Darm einnisten.

Inspektion eines Lehrer-Gehirns

Ein Gehirn sieht schon von außen merkwürdig aus – aber innen erst! Es ist eine Art großes Bürogebäude (selbst das eines Lehrers ist recht groß), in dem verschiedene Leute in verschiedenen Abteilungen Dinge tun, von denen du nicht die leiseste Ahnung hast. Hier nun eine kurze Führung durch das Büro – hm, natürlich Gehirn – eines Lehrers. Anmerkung: Bitte während der Besichtigungstour nichts anfassen. Und auch bitte keine Gehirnzellen stibitzen – Lehrer haben meist keine überzähligen!

1. Sprechen
2. Bewegen
3. Tasten
4. Riechen &
Schmecken

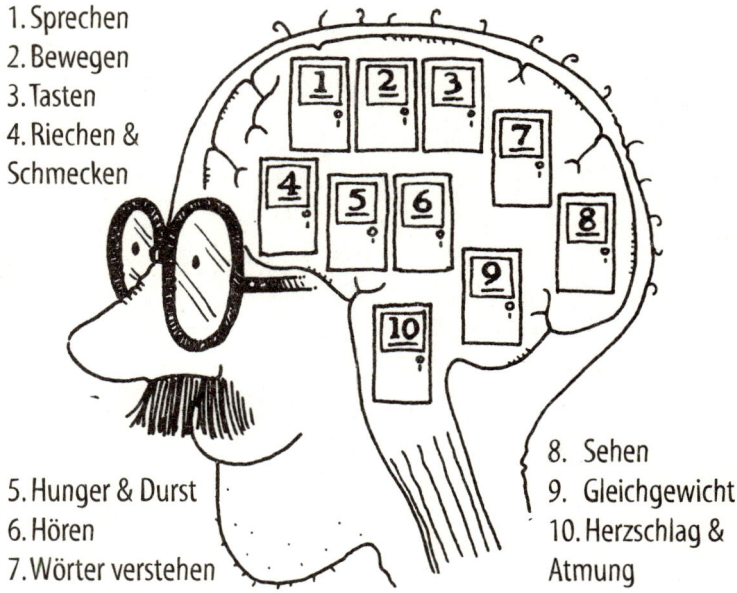

5. Hunger & Durst
6. Hören
7. Wörter verstehen

8. Sehen
9. Gleichgewicht
10. Herzschlag & Atmung

1. Das Großhirn

Hierzu gehört die Bibliothek, wo der Lehrer seine düsteren Erinnerungen speichert. Dort befindet sich auch das Chefzimmer, in dem Entscheidungen getroffen werden, und Räume für Sprechen, Hören, Bewegungen, Tasten, Sehen, Verstehen und Gefühle (in seinem Fall vermutlich eine Besenkammer).

2. Zwei separate Hälften

Viele dieser Büros sind in zwei Hälften gespalten, die über Kabel miteinander verbunden sind. Das Personal in der rechten Hälfte ist künstlerisch veranlagt und gefühlvoll. Es malt gern und mag hübsche Blumenarrangements.

Die Angestellten in der linken Gehirnhälfte sind rational und wissenschaftlich orientiert, spielen gerne Schach und lesen. (Und sie rechnen gern – absolut verrückt, oder?)

3. Thalamus

Das ist die Zentrale, über die sämtliche Sinnesinformationen an das Gehirn laufen.

4. Zwischenhirn

Hier laufen die Empfindungen des Lehrers zusammen und werden als Ärger, Angst, Trauer oder gar Glücklichsein gedeutet. (Jawohl, auch Lehrer sollen diesen Gemütszustand kennen!) Das zuständige Personal sorgt dafür, dass der Lehrer nicht so glücklich wird, dass er den ganzen Tag mit einem albernen Grinsen im Gesicht herumläuft.

5. Kleinhirn
Es ist zuständig für den geordneten Ablauf der Bewegungen und für das Gleichgewicht.

6. Hirnstamm
Eine weitere Vermittlungsstelle, die Informationen über Reflexe weitergibt, die irgendwo im Körper des Lehrers ablaufen.

7. Hypothalamus
In dieser Besenkammer werden Schwitzen, Wachsen, Schlafen und Aufwachen, Durst und Hunger des Lehrers überwacht. Hier befindet sich auch die Kontrollstelle für das Nervensystem. Eine große Aufgabe für ein kleines Büro!

8. Die Zirbeldrüse

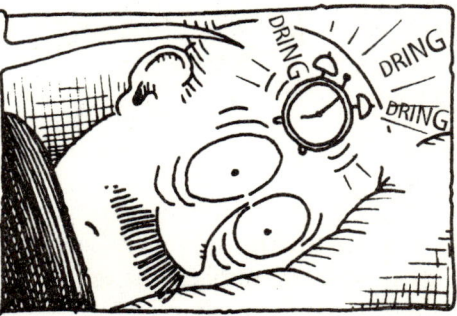

Guten Morgen, hier spricht dein Zirbeldrüsen–Körper–Zeit–Kontroll–System, denn jetzt heißt's aufstehn!

Was hier genau abgeht, weiß kein Mensch. Vielleicht ist es das Zeit-Kontroll-System deines Lehrers, das ihm befiehlt, morgens aufzustehen und während des Unterrichts wach zu bleiben. *Nein, bitte nicht verstellen!*

Du als Hirnforscher

Kannst du mit deinem Wissen über das Gehirn die Ergebnisse dieser verblüffenden Experimente voraussagen?

Experiment 1: Im 19. Jahrhundert wog der französische Forscher Paul Broca 292 männliche und 140 weibliche Gehirne. Er kam zu dem Ergebnis, dass ein weibliches Gehirn im Schnitt 200 g weniger wiegt als ein männliches. Wie ist das zu erklären?

a) Männer sind intelligenter als Frauen.
b) Jungen sind dickköpfiger als Mädchen.
c) Männer haben größere Köpfe als Frauen.

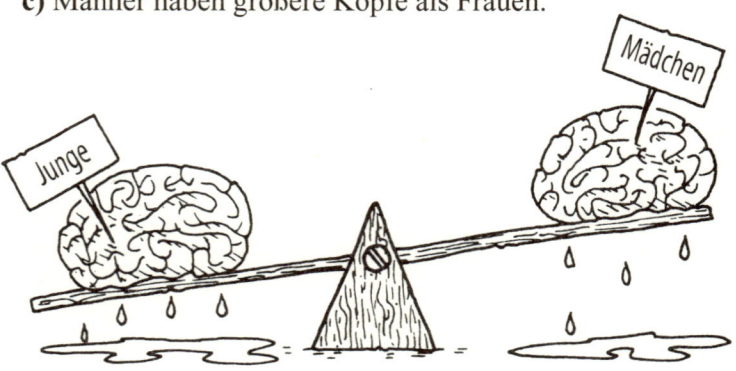

Experiment 2: Im Jahre 1864 überlegten zwei französische Ärzte, was wohl nach einer Enthauptung mit dem Gehirn passiert. Wie der Zufall so spielt, wurde einer der Ärzte kurz darauf zum Tode verurteilt. Er versprach seinem Kollegen, dreimal mit dem rechten Auge zu blinzeln, wenn der andere ihn ansprechen würde. Wie ging dieses gruselige Experiment aus?

a) Der abgeschlagene Kopf streckte die Zunge heraus.

b) Nichts – weil das Gehirn tot war.

c) Der Kopf blinzelte einmal mit dem Auge.

Den Mund wollte er aber nicht aufreißen!

Experiment 3: Bei Hirnschädigungen durchtrennte man die Verbindungsnerven zwischen den beiden Großhirnhälften. Was bewirkte dies bei den Patienten?

a) Jede Körperhälfte reagierte fortan wie eine eigenständige Person.

b) Sie wurden viel klüger.

c) Sie starben.

Lösungen: 1 c) Männer und Frauen sowie Jungen und Mädchen sind gleich intelligent. Frauen haben eine ähnliche Anzahl von Gehirnzellen, die blöd enger zusammengepresst sind. Man hat jedoch festgestellt, dass bei der Beantwortung derselben Fragen bei Männern und Frauen unterschiedliche Stellen im Gehirn aktiv werden. 2 b) Die Wissenschaftler glauben, dass das Gehirn nur noch 11 Sekunden lang funktioniert, wenn der Kopf abgetrennt wird. 3 a) Erstaunlich, aber wahr: Ein solcher Patient versuchte seine Frau mit einer Hand zu schlagen, während die andere Hand versuchte ihn davon abzuhalten!

Teste selbst … wie das Gehirn deiner Freunde funktioniert!

Versichere deiner Versuchsperson, dass der Test nicht weh-tut und dass ihr auch nicht der Kopf abgeschlagen wird. Ehrlich nicht! Du selbst musst dir Folgendes klarmachen:

● Das linke Auge ist mit der rechten Gehirnhälfte verbun-den und umgekehrt.

● Die rechte Seite des Großhirns beschäftigt sich mit Weg-beschreibungen.

● Die linke Seite ist für Rechenaufgaben zuständig.

1. Notiere mindestens fünf knifflige Rechenaufgaben.

2. Schreibe eine andere Liste mit mindestens fünf Fragen darüber, wie man von einem Ort zu einem anderen gelangt, zum Beispiel von zu Hause zur Schule.

3. Verrate deiner Versuchsperson nicht, worum es bei dem Test geht. Stelle dich in etwa drei Schritten Abstand vor ihr auf.

4. Stelle ihr eine Rechenaufgabe und frage gleich darauf nach einer Wegbeschreibung, bis du mit beiden Listen durch bist.

5. Achte auf die Augenbewegungen deiner Versuchsper-son. Was passiert?

a) Die Augen der Versuchsperson blicken nach oben, be-vor sie die Wegbeschreibungen abgeben, und beginnen bei der Rechenaufgabe zu schielen.

b) Die Augen wandern bei den Rechenaufgaben nach rechts, bei den Wegbeschreibungen nach links.

c) Die Augen wandern bei den Rechenaufgaben nach links, bei den Wegbeschreibungen nach rechts.

> *Lösung:* b) So kann die Gehirnhälfte, die gerade eine Frage beantwortet, ihre Aufgabe erledigen, ohne gleichzeitig durch Sehen abgelenkt zu sein.

Verblüff deinen Mathelehrer!

Hast du Lust, deinen Lehrer mit deinem Superhirn aus der Fassung zu bringen?

1. Frage den Lehrer, was 4 geteilt durch 47 ergibt. Gib dich echt cool, so als sei dir die Frage nur zufällig in den Sinn gekommen.

2. Achte darauf, dass er nicht mogelt und womöglich einen Taschenrechner benutzt.

3. Nach einer längeren Denkpause wird er mit etwas Ähnlichem wie 0,08 oder gar 0,085 antworten.

4. Erkläre mit einem nachsichtigen Lächeln: „Ich glaube nicht, dass dies ganz richtig ist. Meiner Meinung nach lautet die richtige Antwort 0,08510638297872340425531914893617021276 594468."

5. Genieße seinen verblüfften Gesichtsausdruck.

6. Mit etwas Glück kannst du davon ausgehen, dass dein Lehrer nicht weiß, dass diese Rechenaufgabe bereits von Professor A.C. Aitken von der Universität von Edinburgh gelöst wurde.

7. Falls du zufällig kein mathematisches Genie sein solltest, musst du die Lösung wohl oder übel auswendig lernen. (Tipp: Es geht leichter, wenn du die Zahlen in Dreier- oder Vierergruppen aufteilst und dann wieder zusammensetzt.)

Rätselhaftes Lernen

Eines der denk-würdigsten Kunststücke, die dein Gehirn beherrscht, ist das Lernen. Es ist unglaublich, wie viel man lernen soll. Schüler müssen sich im Schnitt ZEHN neue Begriffe pro Tag merken! Aber das ist noch gar nichts! Bhandanta Vicitsabi aus Birma lernte 16 000 Seiten mit buddhistischen Texten auswendig.

Der russische Journalist Solomon Veniaminoff vergaß nichts, was er jemals in seinem Leben gehört oder gesehen hatte!

Beim Lernen geht es darum, sich an etwas zu erinnern. Aber das echt Denkwürdigste am Lernen ist die Tatsache, dass die Forscher nicht genau wissen, wie unser Gedächtnis arbeitet! (Oder vielleicht wussten sie es mal und haben es wieder vergessen ...) Aber es soll mit elektrischen und dann chemischen Vorgängen in den Gehirnzellen zu tun haben. Oder so ähnlich. Es ist alles etwas unklar ... und sehr, sehr denkwürdig.

Das Gehirn reinlegen

Das Gehirn ist zwar clever, aber es kann trotzdem relativ leicht in die Irre geführt werden. Betrachte das Bild unten – zeigt es eine Vase oder zwei Gesichter? Das Gehirn kann sich einfach nicht entscheiden.

Schon gewusst?
Ein Schlag auf den Kopf kann schlimme Folgen für das Gehirn haben. Man kann das Gedächtnis oder gar das Bewusstsein verlieren. Das gute alte Gehirn kann auch ganz durcheinander geraten. Ein Mädchen schrieb nach einem solchen Schlag rückwärts ... und zwar so lange, bis es seinen Kopf ein zweites Mal anschlug, als es beim Fernsehen seiner Lieblingsfußballmannschaft zujubelte!

Nichts zu lachen

Auch chemische Substanzen wie Schmerzmittel können das Gehirn täuschen. Du spürst keine Schmerzen mehr, bleibst aber bei vollem Bewusstsein. Bei ganz starken Schmerzmitteln wirst du sogar bewusstlos. Wer diese umwerfenden Betäubungsmittel erfand? Oh, das ist eine schmerzliche Geschichte!

Früher operierten die Ärzte ohne Betäubungsmittel. Sie schnitten dir ein Bein ab oder rissen ein wichtiges Organ aus dem Leib – und du bekamst nur einen Knebel in den Mund gesteckt, damit du nicht zu laut brülltest! Doch dann kam Mr. Horace Wells.

Connecticut, USA, 1844

Es war auf einer der beliebten Vorführungen über die Wirkung von Lachgas. Alle Zuschauer verfolgten gespannt, was sich auf der Bühne abspielte. Bis auf einen: Horace Wells. Den dicklichen, gut gekleideten Zahnarzt quälte nämlich das schlimmste Leiden, das einen Mann seines Berufs befallen konnte: Zahnschmerzen! Wie peinlich, dass ausgerechnet ihm – dem berühmten Horace Wells, Erfinder eines wunderbaren neuen Fixiermittels für falsche Zähne – diese fürchterliche Blamage passieren musste ...

Krampfhaft versuchte er sich zu konzentrieren. Lachgas bzw. Stickstoffoxydul, wie die Gelehrten es nannten, war rund 70 Jahre zuvor entdeckt worden. Und es reizte nicht nur zum Lachen. Wer es einatmete, war plötzlich ein anderer Mensch: Die Leute tanzten, sangen, boxten, redeten Unsinn oder kippten manchmal auch um. Bei solchen Spektakeln waren stets Aufpasser dabei, um die Zuschauer vor den Possen der freiwilligen Versuchskaninchen zu beschützen.

Plötzlich flippte einer von ihnen total aus. Es kam zu einer Schlägerei und der arme Mann wurde verletzt – doch er schien keinerlei Schmerzen zu verspüren!

„Du Glücklicher", dachte Horace Wells und hielt sich die dicke Backe. Doch da ging ihm ein Licht auf und zum ersten Mal an diesem Abend lächelte er. (Natürlich nur leicht, denn mit Zahnweh ist das schwierig.) Wenn Lachgas Schmerzen betäuben konnte, dann ... vielleicht ... nur vielleicht ...

Nach der Vorführung ging Horace Wells zum Veranstalter mit einer reichlich seltsamen Bitte: „Könnten Sie mir etwas Lachgas leihen?"

Wells wollte sich damit betäuben und dann von einem Kollegen den Zahn ziehen lassen! Zu jener Zeit war das Zähneziehen eine grässliche Angelegenheit, bei der viel Blut floss und die Zahnärzte mit riesigen Zangen herumfuhrwerkten. Doch Horace Wells, der das Gas eingeatmet hatte, fühlte keinen Schmerz!

„Eine neue Ära im Zähneziehen ist angebrochen!", rief er triumphierend aus, als die Wirkung des Lachgases nachließ. Oder vermutlich wollte er dies sagen, aber mit seinem malträtierten Kiefer klang es wahrscheinlich mehr wie:

Jawohl, er, Horace Wells, wollte das großartige Narkosemittel vermarkten, berühmt werden und reich. Unheimlich reich!

Doch aus seinen hochfliegenden Plänen wurde nichts. Die erste öffentliche Anwendung von Lachgas durch einen Zahnarzt endete mit einer Katastrophe, weil der Patient zu früh wieder zu sich kam. Er hatte zu wenig Gas abbekommen. Bei einer späteren Operation verstarb der Patient, weil er zu viel davon eingeatmet hatte. Einige Jahre später fand auch Horace Wells ein schmerzliches Ende. Weil er insgesamt eine zu hohe Dosis an Lachgas eingeatmet hatte, wurde er verrückt. 1848 nahm er sich das Leben. Aber er starb nicht vergebens. Inzwischen finden Operationen allgemein unter Betäubung statt (allerdings nicht mit Lachgas!).

Kein Betäubungsmittel brauchst du glücklicherweise, um abends einschlafen zu können …

Schlaf, Kindlein, schlaf

Jeden Abend, etwa zur selben Zeit, macht dein Gehirn etwas wirklich Bemerkenswertes und Rätselhaftes. Es lässt die Rollläden herunter und schaltet sich mehr oder weniger selbst ab. Jawohl, es geht schlafen. Im Laufe deines Lebens wird dein Gehirn insgesamt zwanzig Jahre in diesem Dämmerzustand verbringen. Warum? Nun, komischerweise hat man das bis heute nicht herausgefunden!

Beeil dich – ich möchte abschalten!

Schlummerstündchen:
drei einfache Lektionen

Damit das Schlafen für dich in Zukunft weniger rätselhaft ist, hier ein Einführungskurs. Er wird nur an Abendschulen unterrichtet und die Lehrer stört es kein bisschen, wenn du dabei eindöst!

Lektion 1 – Das Einschlafen

1. Achte darauf, dass es dir weder zu warm noch zu kalt ist. Am besten, du gehst jeden Abend zur selben Zeit ins Bett.
2. Schließe die Augen und liege ganz still. Versuche von 1000 abwärts zu zählen oder stell dir vor, du liegst an einem schönen Sandstrand.

3. Du wirst feststellen, dass du nicht richtig wahrnimmst, dass du einschläfst. Manche Leute haben das Gefühl, sie würden fallen, und zucken dann so heftig zusammen, dass sie wieder von vorne anfangen müssen!

Lektion 2 – Was geschieht beim Schlafen

1. Wichtig für Schlafmützen: Wenn du schläfst …
• sinkt deine Körpertemperatur ab
• verlierst du pro Stunde zwischen 28 und 42 Gramm Gewicht
• wechselst du bis zu 40-mal pro Nacht deine Lage
• kannst du manchmal bis zu drei Minuten lang wach sein, ohne dich am Morgen danach daran zu erinnern.

2. Du brauchst nicht die Ohren zu spitzen, ob Gefahr droht, dein Gehirn macht das automatisch.

3. Diese Dinge solltest du während des Schlafens nicht tun:
• Schlafwandeln – eines von 20 Kindern hat diese Angewohnheit.

• Laut schnarchen. Man schnarcht, wenn man mit offenem Mund auf dem Rücken schläft. Beim Einatmen rasseln dann die wabbeligen Teilchen hinten im Gaumen.

4. Wie bringst du einen Schnarcher zum Schweigen? Ganz einfach: Leg etwas Hartes, Stacheliges in sein Bett, vielleicht eine Drahtbürste. Wenn er sich auf den Rücken rollt, wacht er garantiert auf!

5. Etwa 90 Minuten nach dem Einschlafen beginnen die Augen zu zucken, doch die Nervenverbindungen zu den meisten Muskeln schlafen, sodass du dich nicht bewegen kannst. Du betrittst das rätselhafte Reich der Träume ...

Lektion 3 – Erforschung des Traumlands

1. Willkommen in diesem märchenhaften Reich ohne Zeit und Raum, wo nichts unmöglich ist!

2. Verursacht werden Träume durch Signale von den Nerven ins Gehirn. Wenn du wach bist, blendet dieser Bereich eintönige Geräusche aus – darum nimmst du den Verkehr nicht wahr oder das eintönige Gelaber des Lehrers. Zzzzzzzzz.

Geh und kauf Süßigkeiten für die ganze Klasse, Peter!

Bla bla leier leier bla bla ...

3. Die meisten Träume dauern nur 6 bis 10 Minuten, doch der Rekord liegt bei 150 Minuten! Während deiner insgesamt 20-jährigen Schlafenszeit kannst du bis zu 300 000 Mal träumen!

4. Pro Nacht machst du mehrere Ausflüge ins Reich der Träume.

5. Hier eine gute und eine schlechte Nachricht. *Die Gute:* Schöne Träume sind dreimal häufiger als schreckliche Träume. *Die Schlechte:* Je näher der Morgen rückt, desto eher neigt man zu Albträumen.

Falls du dieses Buch im Bett liest, hebe dir das nächste Kapitel für morgen auf – oder willst du etwa von klappernden Skeletten träumen?

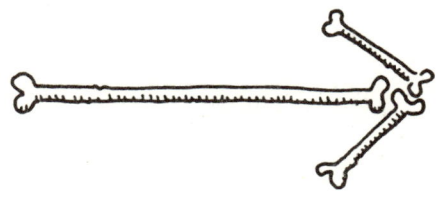

Klappernde Knochen

In Gespenstergeschichten geht es häufig um klappernde Skelette. Aber Skelette klappern nicht zum Spaß. O nein! Sie klappern, weil Knochen nun einmal klappern. Knochen können wehtun und brechen, und wenn sie mit Muskeln bepackt sind, schmerzen sie noch mehr. Auch für die Mediziner sind Knochen eine schmerzliche Sache. Sie müssen nämlich alle 206 Knochen des menschlichen Skeletts auswendig lernen! Hier ein kleiner Überblick:

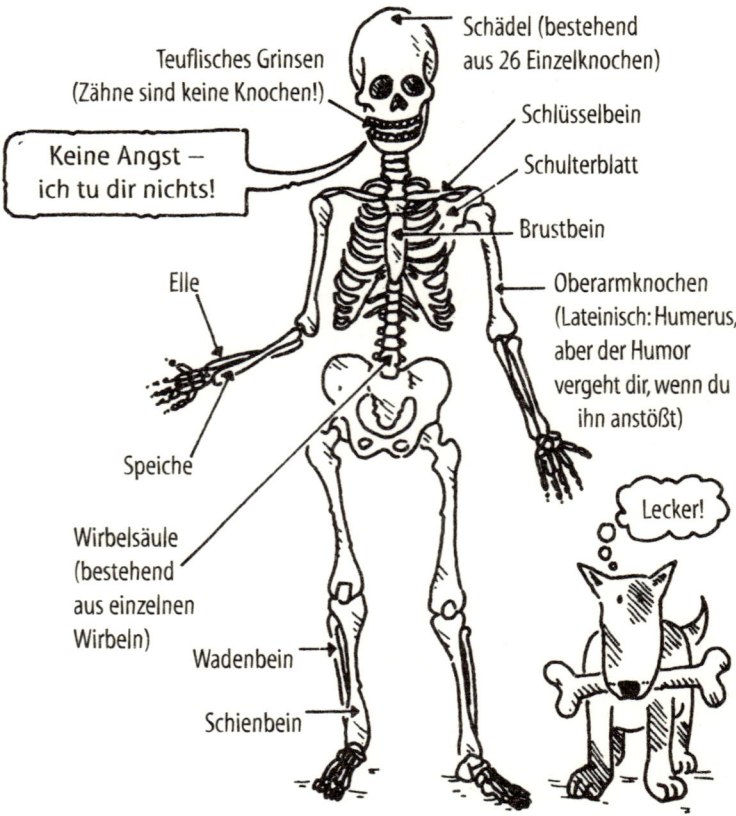

Teuflisches Grinsen
(Zähne sind keine Knochen!)

Keine Angst —
ich tu dir nichts!

Schädel (bestehend
aus 26 Einzelknochen)

Schlüsselbein

Schulterblatt

Brustbein

Oberarmknochen
(Lateinisch: Humerus,
aber der Humor
vergeht dir, wenn du
ihn anstößt)

Elle

Speiche

Wirbelsäule
(bestehend
aus einzelnen
Wirbeln)

Wadenbein

Schienbein

Lecker!

Eigentlich ganz einfach, oder?

Schon gewusst?
Es gibt Leute mit mehr als 206 Knochen. Manche haben ein Rippenpaar mehr, einen extra Finger oder Zeh.

Steckbrief: Knochen

Name: Knochen

Fundort: Alle Knochen zusammen bilden das Skelett, das etwa ein Viertel des Körpergewichts ausmacht. Knochen bestehen aus harten klebrigen Fasern („Kollagenen"), die mit weiteren Substanzen verstärkt sind.

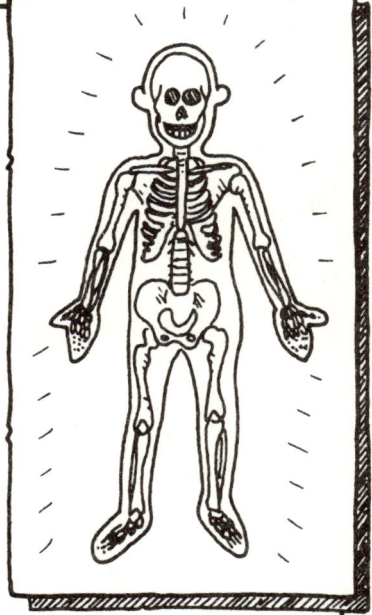

Erfreulich: Sie halten den Körper aufrecht und geben den Muskeln etwas zum Ziehen.

Weniger erfreulich: Wenn man alle Minerale aus dem Oberschenkelknochen herausnähme, könnte man den Rest locker verknoten.

Sensationell: Ein gebrochener Knochen heilt von selbst. Wenn die beiden Bruchstellen wieder zusammengefügt werden, bildet sich dazwischen neues Knochenmaterial.

Knochen und ihr Innenleben

Manche Knochen sind massiv und mit einer gelben, fettreichen Masse gefüllt, andere sind hohl und enthalten rotes, Blut bildendes Knochenmark – für Hunde eine wahre Delikatesse. Du kannst stolz auf dein Knochenmark sein, denn es liefert dir Tag für Tag an die 200 Milliarden brandneue Blutzellen!

Wenn du ein Knochenende durch ein Mikroskop betrachtest, siehst du viele kleine Öffnungen.
Diese Öffnungen nennt man „Haverssche Kanäle". Sie sind kaum 1 Millimeter dick und umschließen einen Nerv oder ein Blutgefäß.

Knochentest für deinen Biolehrer

Wie viel weiß dein Lehrer tatsächlich über dieses höchst interessante Thema? Präg dir die Antworten auf diese kniffligen Fragen fest ein und dann bringe deinen Lehrer zum Schwitzen!

1. Nur einer dieser Knochen gehört zum menschlichen Skelett. Welcher?
a) Steißbein
b) Ellbogenbein
c) Schwanzknochen

2. Was eignet sich am besten, um ein schweres Gewicht hochzuheben?
a) Ein Stab aus Stein
b) Ein Stab aus Zement
c) Ein Oberschenkelknochen

3. *Eine Giraffe hat sieben Halswirbel. Wie viele hat der Mensch?*
a) 3
b) 7
c) 12

4. *Wie viele Knochen hat ein Baby?*
a) 206, genau wie ein Erwachsener
b) 86
c) Über 350

5. *Ein tibetanischer Mönchsorden verwendet Schädel als Trinkgefäße. Wie viel Flüssigkeit passt in eine solch schaurige Tasse?*
a) Ein halber Liter
b) 1,5 Liter
c) Keine – durch die Augenhöhlen fließt alles wieder hinaus.

6. *Welcher Knochen bildet das, was du als Innenknöchel ertasten kannst?*
a) Der untere Teil des Schienbeins
b) Der Knöchelknochen
c) Der obere Teil des Fersenbeins

7. *Was ist eine Fontanelle?*
a) Ein zappeliger kleiner Knochen im kleinen Zeh
b) Eine bei Neugeborenen noch nicht geschlossene Stelle im Schädelknochen
c) Ein Knochen, der wie ein Springbrunnen aussieht

Lösungen: 1 a) Jawohl, das stimmt! Das Steißbein bilden drei bis sechs verwachsene Knöchelchen am unteren Ende der Wirbelsäule! 2 c) 3 b) Die der Giraffe sind nur viel länger. 4 c) Beim Wachsen verwachsen viele dieser Knochen miteinander. 5 b) 6 a) 7 b).

71

Bewertung der Ergebnisse des Lehrers:

0 – 3 richtige Antworten: Ganz im Ernst: Dein Lehrer hat sich bis auf die Knochen blamiert!

4 – 5 richtige Antworten: Okay, schon nicht schlecht, aber ein echter Knochen-Experte ist er nicht!

6 – 7 richtige Antworten: Dein Lehrer ist vermutlich ein Osteologe*. Wäre nicht verwunderlich, wenn er daheim ein echtes menschliches Skelett herumstehen hätte!

* Experte in Sachen Knochen.

Schon gewusst?
Ein Osteologe untersucht Knochen, um Näheres über den Menschen herausfinden, dem dieses Skelett früher gehört hat. Wäre das nicht ein Beruf für dich? Hier eine grausliche Gruselgeschichte, damit du herausfinden kannst, ob du die nötigen Voraussetzungen mitbringst.

Eine Leiche auf Reisen

Es geschah am 7. Dezember 1976 in einem verlassenen Haus in Long Beach, Kalifornien. Bei den Dreharbeiten zu einem Horrorfilm lernte ein Kameramann das Gruseln. Als er eine der herumstehenden Puppen aufräumen wollte, brach ihr ein Arm ab. Aber dieser Arm war echt! Und an der Bruchstelle schimmerten die Knochen heraus ...

Die Polizei bestätigte, dass es sich bei dieser „Puppe" um eine präparierte Leiche handelte. Der Gerichtsmediziner entdeckte die wahrhaft filmreifen Fakten: Dieser Mensch war durch eine Kugel zu Tode gekommen, die aus der Zeit vor 1914 stammte, und anschließend in Arsen eingelegt worden. Im Mund der Leiche fand sich eine Münze aus dem Jahr 1924.

Die Polizei recherchierte, wer die Vorbesitzer dieser Mumie gewesen waren. Es handelte sich ausnahmslos um Schausteller, die den Körper für eine täuschend lebensechte Puppe gehalten und auf Jahrmärkten ausgestellt hatten. Der erste Besitzer glaubte sich zu erinnern, das attraktive Stück damals in Oklahoma gekauft zu haben. Dort ergaben weitere Nachforschungen, dass es sich bei dem Ermordeten um einen gewissen Elmer McCurdy, seines Zeichens Cowboy und Bandit, handeln musste.

Am Morgen des 7. Oktober 1911 war der Sheriff mit seinen Leuten auf dem Weg zu ihm gewesen. McCurdy hatte sich am Abend zuvor mit gestohlenem Whisky voll laufen lassen und die Nacht in einem Heuschober verbracht. Ein junger Bursche wurde in sein Versteck geschickt. „Der Sheriff will, dass Sie sich ergeben, McCurdy!", rief er.

„Fahrt alle zur Hölle!", brüllte der Gesuchte zurück.

Bei der anschließenden Schießerei schlug McCurdy sich wacker – bis ihm die Patronen ausgingen. Es war der Beerdigungsunternehmer, der auf die großartige Idee kam, die Leiche zu präparieren und auszustellen!

Es gab mehrere Interessenten, doch der Besitzer wollte Elmer nicht hergeben. Er verkaufte ihn erst, als ein netter Herr auftauchte, der sich als Elmers lang vermisster Bruder ausgab.

Drei Monate später tauchte der Körper in Texas zum ersten Mal auf einer Kirmes auf.

Wie konnte der Gerichtsmediziner beweisen, dass es sich tatsächlich um McCurdy handelte? Hier eine Beschreibung des Banditen aus dem Jahr 1911. Welcher der folgenden Punkte kann dir helfen, anhand der Knochen die Identität festzustellen?

WANTED

RAUBMÖRDER
ELMER MC CURDY
ALIAS FRANK CURTIS
WER KENNT DIESEN MANN?

1. Männlich
2. Alter zwischen 29 und 35 Jahren
3. Größe etwa 1,70 m
4. Vollbart
5. dünne Nase
6. tief liegende Augen
7. schlanker Körperbau
8. Rechtshänder

Lösungen: 1. Ja. 2. Ja, Frauen haben breitere Hüftknochen. 2. Ja, beim Älterwerden wachsen einige der Knochen zusammen. 3. Ja, anhand der Länge der Oberschenkelknochen. 4, 5, 6 Nein. 7. Ja, das sieht man am Skelett. 8. Ja, bei Rechtshändern sieht man am rechten Armknochen die Spuren der stärker entwickelten Muskulatur.

Nach der Untersuchung der Knochen war man sicher, dass es sich um Elmer McCurdy handelte. Den endgültigen Beweis brachte aber ein altes Foto des Banditen, das die Übereinstimmung der Schädelform zeigte. Und so wurde Elmer McCurdy doch noch anständig beigesetzt – fast 66 Jahre nach seinem Tod!

Gelenkige Gelenke

Hast du das Zeug zu einem Knochenexperten? Dann müsstest du in der Lage sein, ein Skelett richtig zusammenzusetzen. Dazu brauchst du Gelenke: Sie verbinden die Knochen des Skeletts beweglich miteinander. Keine leichte Sache – es gibt über 200 Gelenke im menschlichen Körper!
Hier die wichtigsten Typen:

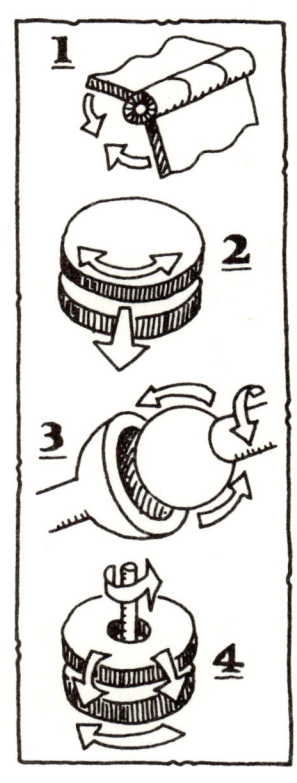

1. Scharniergelenk: (Ellbogen) Es lässt Bewegungen in zwei Richtungen zu, ähnlich wie die Angeln einer Tür.

2. Drehgelenk: Hierdurch kann das Sprungbein nach oben und unten sowie seitlich bewegt werden.

3. Kugelgelenk: Durch dieses Gelenk können Arme und Oberschenkel in fast jede beliebige Richtung gedreht werden.

4. Zapfengelenk: Bei diesem Gelenk kann sich der obere Knochen auf und ab und von einer Seite zur anderen drehen.

5. Sattelgelenk: (Daumen) Der obere Knochen sitzt wie ein Jockey im Sattel. Er kann sich in alle Richtungen bewegen – ohne herunterzufallen!

Starke Bänder

Stell dir vor, dein Arm würde jedes Mal von der Schulter fallen, wenn du einen Ball wirfst! Zum Glück passiert das nicht, weil starke Bänder die Gelenke zusammenhalten. Schlangenmenschen, die ihren Körper in die unglaublichsten Positionen bringen können, haben sehr elastische Bänder. Versuch es lieber gar nicht erst! Aber wusstest du schon, dass du dich nur dank deiner Bänder und Gelenke auch am Rücken kratzen kannst? Versuch es einmal, aber möglichst nicht im Unterricht!

Gut geschmiert

Erstaunlicherweise knarren und quietschen deine Gelenke nicht, wenn du dich bewegst. Du kannst dich unbemerkt an jemanden heranschleichen, weil jedes wichtige Gelenk in eine Flüssigkeit eingebettet ist. Außerdem sind die Knochenenden mit weichem Knorpelmaterial gepolstert. Daraus besteht auch dein Nasenrücken. Was Knorpel ist, sieht man am besten bei einem Hähnchen!

Fantastische Fasern: die Muskeln

Egal, wie elastisch deine Bänder auch sind – ohne Muskeln könntest du dich nicht bewegen. Die gute Nachricht: Du hast über 600 Muskeln. Die schlechte: Manchmal haben sie einen ziemlichen Kater!

Steckbrief: Muskeln

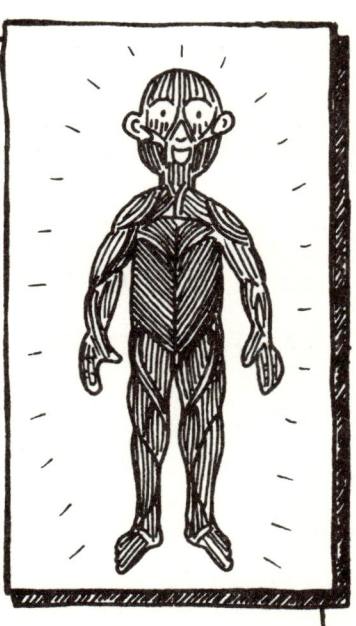

Name: Muskeln

Fundort: Unter der Haut sowie um verschiedene Innereien herum.

Erfreulich: Sie sind IMMER im Dienst, quetschen Essen durch den Darm, pumpen Blut, usw.

Weniger erfreulich: Muskeln könnten sich so stark zusammenziehen, dass dir die Knochen brechen. Doch zum Glück haben sie Sensoren, die sie davon abhalten!

Sensationell: Durch Sehnen sind die Muskeln an den Knochen verankert. Und eine Sehne reißt erst, wenn du ein 58-Tonnen-Gewicht daran hängst!

Die Muskeln in den Griff kriegen

Um deine Muskeln zu begreifen, musst du dich näher mit ihnen befassen. Sehr viel näher …

77

Wenn du einen Muskel auseinander schneidest, siehst du, dass er aus dünnen, länglichen Faserbündeln besteht.

Muskelfasern

Wenn du noch näher hinschaust, siehst du, dass eine Faser aus noch kleineren Fasern namens Fibrillen besteht.

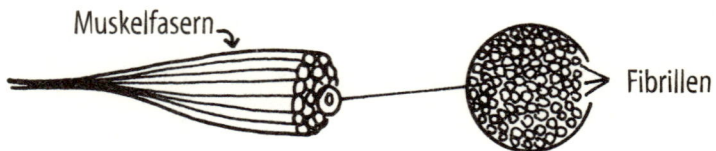

Muskelfasern

Fibrillen

Beweg dich!
1. Bitte einen deiner Nerven, ein Signal an einen Muskel zu senden. Achte darauf, dass sich die winzigen Fibrillen daraufhin verkürzen.
2. Kontrolliere, ob du genügend Zucker im Blut hast, denn der Muskel braucht Energie.
3. Er erhält die nötige Energie durch Aufspaltung von Zuckermolekülen.
Bevor du einen Muskel bewegst, solltest du aber noch ein paar Dinge wissen …

Muskulöse Fakten
1. Muskeln haben komplizierte Namen, die man sofort vergisst. Kannst du dir diese hier merken?

a) Gluteus maximus – Hintern, ein praktisches Sitzkissen.

Gluteus
Maximus

b) Digital flexor – damit du mit den Fingern wackeln kannst.

rauf

Digital Flexor

runter

c) Levator labii superior – braucht man zum Zähnefletschen. Das tut man schon, wenn man den Namen nur aussprechen will!

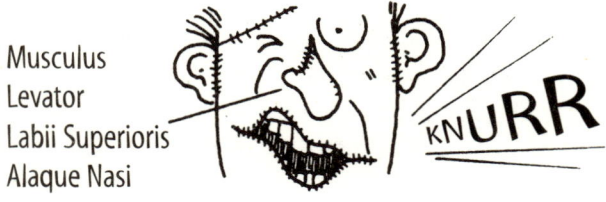

Musculus
Levator
Labii Superioris
Alaque Nasi

KNURR

2. Muskeln können nur ziehen, nicht drücken. Darum müssen sie immer paarweise arbeiten. Einer ist der Beuger, der andere der Strecker!

3. Beobachte, wie die Sehnen an den Muskeln ziehen. Strecke deine Finger aus und bewege sie auf und ab.

4. Wenn du die Zunge herausstreckst, schiebt kein Muskel von hinten. Ein Muskel zieht sich quer über die Zunge und dadurch schiebt sich die Zunge nach vorne.

5. Wenn man älter wird, werden die Muskelfasern zäher. Deshalb mögen Riesen und Monster keine zähen alten Großeltern. Zarte, leckere Kinder sind ihnen lieber. Hilfe!

Sport ist Mord

Mal ehrlich, bist du eine Sportskanone? Oder findest du jede Art von körperlicher Anstrengung ätzend? Gehörst du zu den Leuten, die lieber mit einer Tüte Chips vor der Glotze herumhängen? Tja, dann wird es dich freuen zu erfahren, dass Sport SCHÄDLICH sein kann! Die Gesundheitsminister sollten davor warnen!

Gesundheitswarnung Nr. 1: Es ist gefährlich, sich von der Couch zu erheben! Dein Herz muss plötzlich stärker pumpen. Wenn nicht gleich genügend Blut ins Gehirn gelangt, wird dir schwindelig. Deshalb werden Piloten bei einem Looping manchmal ohnmächtig.

Gesundheitswarnung Nr. 2: Auch das Laufen ist unheimlich anstrengend für deinen Körper. Deine armen Füße und Knöchel müssen das SECHSfache deines Körpergewichts aushalten. Deine Sprunggelenke werden gequetscht, wenn du die Füße auf dem Boden aufsetzt. Dein Fett schwabbelt, dein Gehirn wird durchgerüttelt und deine Augäpfel hüpfen in ihren Höhlen auf und ab!

Gesundheitswarnung Nr. 3: Größere körperliche Anstrengungen, wie zum Beispiel Bundesjugendspiele, sind besonders schädlich … Du wirst anschließend tagelang jammern.

a) Bei mehr als 175 Schlägen pro Minute könnte dein Herz beschädigt werden … langsam abbremsen!

b) Muskelkater – vermutlich bedingt durch einen zu hohen Wasserverlust beim Schwitzen und durch Zunahme von Milchsäure im Blut … Nach jeder Übung langsam abbremsen und viel trinken.

c) Bei einem Krampf ziehen sich die Muskeln schmerzhaft zusammen und du bist hilflos … Wärme den Muskel und ruhe ihn aus, Eine Flasche mit warmen Wasser tut's auch.

d) Seitenstechen – bei Kälte und wenn man mit vollem Magen rennt … Halte dich warm. Und iss in Zukunft nicht so viel!

Ich liebe meinen Fernsehsessel!

Aber es gibt etwas, das schlimmer ist als Sport. Nämlich
KEIN Sport! Was würde dir alles entgehen!

Schwer verdauliche Verdauung

Läuft dir bei dem Gedanken an eine Pizza oder an einen Pudding mit Vanillesauce das Wasser im Mund zusammen? Falls ja – keine Sorge, gleich wird dir der Appetit vergehen. Du erfährst, wie diese Leckereien auf dem Weg durch deinen Körper zermatscht und zerquetscht und zersetzt werden. Und daran sind nur deine Verdauungssäfte schuld!

Fiese miese Verdauungsdrüsen

Drüsen stellen eine Flüssigkeit her. An verschiedenen Stellen in deinem Inneren lauern solche fiesen Drüsen, die nichts anderes wollen, als dein Essen zu bespritzen. Kannst du dir vorstellen, welche Mengen an Flüssigkeit sie produzieren? Es handelt sich nicht nur um ein paar Spritzer …

Drüsen	tägliche Produktion
Speicheldrüse	2 Liter *
Magen	1 – 2 Liter
Bauchspeicheldrüse	1 – 1,5 Liter
Leber	1 Liter

Das macht insgesamt sechs Liter Flüssigkeit pro Tag!

* Das meiste davon schluckst du! Richtig, das sind 50 000 Liter Spucke im Laufe eines Menschenlebens! Damit könnte man 100 Badewannen füllen!

Verdauungssäfte enthalten Enzyme, die chemische Reaktionen auslösen. Diese Enzyme tun nichts anderes, als die Nahrung in kleine Teile zu zersetzen, die dein Körper aufnehmen und verwerten kann. Je höher die Körpertemperatur, desto rascher geht das vor sich, doch bei 60 °C hört es plötzlich auf. Aber keine Panik, wenn dein Körper je so heiß würde, wärst du eh schon tot!

Teste selbst ... wie Enzyme funktionieren!

Lab ist ein Enzym, das auch im menschlichen Magen vorkommt. Besorge dir die unten angegebenen Zutaten und Geräte und lass dir am besten von einem Erwachsenen helfen.

1 Liter Milch
Zucker
Lab – gibt es in Apotheken und Bioläden
Topf
Schüssel
Esslöffel

1. Erwärme die Milch auf dem Herd und rühre ab und zu um. NICHT KOCHEN!
2. Gieße die Milch in die Schüssel und rühre einen gehäuften Esslöffel Zucker darunter.

3. Stelle die Schüssel an einen warmen Ort.
4. Rühre vorsichtig einen gehäuften Esslöffel Lab hinein und lasse das Ganze dann zehn Minuten lang ruhen.
5. Was ist nach den zehn Minuten mit der Milch passiert? Du wirst es nicht glauben: Das Enzym hat die Milch „verdaut"!

a) Sie hat sich in eine widerlich stinkende, gelbe Mischung mit glitschigen Klumpen verwandelt.
b) Sie ist zu einer gleichmäßig wabbligen Masse geworden.
c) Nichts.

Schrecklich gesunde Ernährung

Bist du wählerisch beim Essen? Dein Körper schon. Um gesund zu bleiben, braucht er eine ausgewogene Ernährung. Das heißt, er braucht alle der unten genannten Speisen, nicht nur die, die dir besonders schmecken!

1. Ballaststoffe helfen dem Darm, die Nahrungsbestandteile auf ihrem langen Weg zur Toilette zügig zu befördern.

2. Eiweiß hilft deinem Körper dabei, neue Zellen aufzubauen und alte zu reparieren. Zehn Prozent deines Körpers bestehen aus diesem Zeug.

3. Nudeln, Reis und Kartoffeln enthalten viele Kohlenhydrate. Sie werden in Zuckermoleküle umgewandelt, aus denen deine Zellen Energie gewinnen.

4. Süßigkeiten sind ein schneller Energielieferant. Dein fauler Körper kann den Zucker direkt an die Zellen weitergeben.

5. Fett liefert Energie und unterstützt den Zellaufbau. Zu viel davon führt allerdings gern zu einer Wabbelschicht in der Bauchgegend!

Perfekter Imbiss!

Kannst du einen Imbiss so zusammenstellen, dass er Ballaststoffe, Eiweiß, Kohlenhydrate, Zucker und Fett enthält?

Hier vier Möglichkeiten zur Auswahl:
1. Ein Brötchen mit Schinken und Marmelade und ein Glas Orangensaft dazu.
2. Ein Vollkornbrötchen mit Butter, Ei und Salatblatt und ein Becher heiße Schokolade dazu.
3. Eine Scheibe Weißbrot mit Honig gefolgt von Pudding mit Sirup und jede Menge Limonade (rülps!).
4. Ein mit Tomaten belegtes Vollkornbrot gefolgt von einem zuckerfreien Nussriegel und einem Glas Mineralwasser.

Brötchen mit Schinken und Marmelade →

Schrecklich ungesunde Ernährung

Die Verdauung an sich ist schon schrecklich genug, aber hör dir erst mal an, was manche Leute in sich hineinstopfen!

1. Manche Menschen essen Erde. Das ist sehr ungesund, denn Erde enthält jede Menge Krankheitserreger und schmeckt widerlich.

2. 1927 kam eine Frau mit Bauchschmerzen in ein Krankenhaus in Ontario, Kanada. Die Ärzte stellten fest, dass sie 2533 Gegenstände verschluckt hatte, darunter 947 verbogene Stecknadeln.

Ich glaub, ich hab eine Gräte verschluckt!

Röntgenbild

3. Doch der erste Preis für ungesunde Ernährung geht an den Franzosen Michel Lotito, der als Monsieur Mange-tout (Herr Allesesser) bekannt ist. Seit 1966 hat er Folgendes zu sich genommen:

Im Durchschnitt verschlingt er 900 g Metall pro Tag. Und hat noch nie eine Magenverstimmung gehabt. (Lass die Finger von solchem Zeug – du hast vielleicht weniger Glück!)

4. Der Hypothalamus im Gehirn steuert, wann du hungrig und wann du satt bist. Eine Ratte, bei der ein Teil des Hypothalamus entfernt wurde, fraß sich fast zu Tode und wurde schrecklich fett.

5. Millionen von Menschen halten Diät, um schlank zu werden. Aber eigentlich muss man nur abnehmen, wenn man viel zu viel wiegt. Wie zum Beispiel William J. Cobb.

Im Jahre 1962 wog William J. Cobb stolze 364 Kilogramm. Er war so rund, dass er wie ein Fass gerollt werden konnte. Weil er durch keine Tür mehr kam, musste er immer zu Hause herumsitzen. Schließlich beschloss William eine Diät zu machen. Nach zwei Jahren wog er nur noch 106 Kilo. Er hatte das Gewicht von drei normalen Erwachsenen abgespeckt!

große Tafel Schokolade

gesunde Selleriestange

vorher   nachher

6. Die meisten Menschen können etwa auf die Hälfte ihres Normalgewichts abmagern. Im Allgemeinen sind sie dann aber nicht mehr in der Lage sich zu bewegen. Du solltest es also auf keinen Fall ausprobieren!

Schrecklich gesunde Ernährungsregeln

Um absolut gesund zu bleiben, braucht man mehr als nur eine ausgewogene Ernährung. Man braucht Stoffe, die man weder sehen noch schmecken kann – Mineralien, zum Beispiel. Zum Glück muss man nicht lange nach ihnen suchen. Normales Essen enthält Mineralien in winzigen Mengen – und mehr braucht dein Körper nicht! Mit einem Milchshake tust du deinen Knochen einen Riesengefallen: Denn Milch enthält die zum Knochenaufbau wichtigen Mineralien Kalzium und Phosphat. Wichtig sind außerdem Vitamine.

Lebenswichtige Vitamine

Wer keine oder zu wenig Vitamine zu sich nimmt, wird bald krank werden. Halte dich deshalb an die unten genannten

Vitamine:	Hier streckt's drin:	Ein Mangel verursacht:
A	Milch, Butter, Eiern, Fischtran, Leber	Jede Krankheit, z.B. Nachtblindheit.
B1 und **9** andere Vitamine der **B**–Gruppe	Hefe und Vollkornbrot; auch in Milch, Nüssen und frischem Gemüse.	Man verliert Energie und kommt morgens nicht mehr aus dem Bett – die allgemeine Leistungsfähigkeit nimmt stark ab.
C	Orangen und Zitronen, frisches Obst und Gemüse	Zahnausfall, Zahnfleischbluten, dunkle Flecken am Körper.
D	Fisch, Molkereiprodukte	Mundgeruch – igitt! Schwache Knochen und O–Beine. Schlecht für Fußballer.
E	Vollkornbrot, brauner Reis und Butter	Das haben die Wissenschaflter noch nicht herausgefunden.
K	Grüne Gemüsesorten, Leber	Das Blut gerinnt nicht mehr richtig – kann tragisch enden!

Die Forscher mussten lange herumexperimentieren, bis sie diese Mangelerscheinungen erkannt hatten. Aber dafür war die Freude hinterher umso größer!

Das Geheimnis der kranken Hühner

Eijkman Christianson war mit seinem Latein am Ende.

Er war im Jahre 1884 nach Indonesien gefahren, um eine geheimnisvolle Krankheit zu erforschen, die die Einheimischen „Kann–nicht" nannten.

Er infizierte Tiere mit dem vermeintlichen Krankheitserreger, doch diese blieben gesund.

Doch dann wurden seine Hühner von dieser Krankheit befallen.

Er brachte die Hühner an einen anderen Ort, und es ging ihnen wieder besser. Doch weshalb?

Vielleicht hatten sie nur etwas frische Luft gebraucht.

Oder lag es an dem anderen Futter?
Früher hatten die Hühner geschälten Reis bekommen.

Nun bekamen sie braunen Reis zum Fressen.

Es stellte sich heraus, dass die braune Schale der Reiskörner viel Vitamin B enthält. Dies verhindert die Krankheit „Kann – nicht" oder – wie wir sagen – „Beriberi".

Der gute Herr Christianson brauchte allerdings mehrere Jahre, bis er nachweisen konnte, dass der geschälte Reis seine Hühner krank gemacht hatte. Nun, für die Hühner hätte die Sache weitaus schlimmer ausgehen können. Stell dir vor, ihre Innereien wären zerstört worden. Dann wäre es mit ihnen vorbei gewesen. Womit wir schon beim nächsten Thema wären: den gruslgen Gedärmen!

Gruslige Gedärme

Die Gedärme finden die meisten von uns irgendwie gruselig. (Wenn du zu lange darüber nachdenkst, was mit deinen Pommes im Bauch passiert, würdest du sie vielleicht lieber gar nicht erst essen ...) Aber noch gruseliger sind ja wohl die Forscher, die davon total fasziniert sind. Tja, und dann ist da noch all das, was schließlich dabei rauskommt. *(Fenster auf – hier stinkt's!)*

Steckbrief: Darm

Name: Dünn- und Dickdarm

Fundort: Unterhalb des Brustraums im Unterleib (siehe unten).

Erfreulich: Der Darm nimmt den bereits verdauten Speisebrei auf.

Faszinierend: Der Darm ist insgesamt bis zu 8 Meter lang. Das ist länger als eine Riesenschlange!

Praktisch: Der Darm wird vom Bauchfell an seinem Platz gehalten. Es hindert ihn daran, ständig hin und her zu wabbeln oder sich zu verknoten!

Teste selbst ... was in deinem Mund los ist!

Schön weit aufmachen! Hier beginnt nämlich die Verdauung. Hier wird die Nahrung zermalmt, ehe sie in den Magen plumpst. Und nun stell dir vor, du wärst ein Gummibärchen!

Zum Anbeißen: die Zähne

Das Erste, was dir Angst einjagen wird, sind diese gewaltigen spucketriefenden Zähne. Sie bestehen aus dem härtesten Material im menschlichen Körper. In jedem Zahn gibt es Nerven und Blutgefäße. Nicht alle Zähne sind gleich, je nach ihrer Aufgabe haben sie eine spezielle Form. Hier ein paar Zähne, die wir auf dem Fußboden einer Zahnarztpraxis aufgesammelt haben.

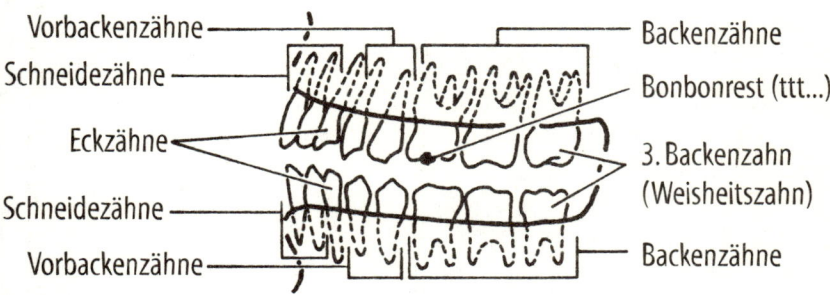

Vorbackenzähne — Backenzähne
Schneidezähne — Bonbonrest (ttt...)
Eckzähne — 3. Backenzahn (Weisheitszahn)
Schneidezähne —
Vorbackenzähne — Backenzähne

Okay, zähle nach: Wie viele Zähne hast du? Das kommt auf dein Alter an. Als du klein warst, hattest du 20 Milchzähne. In den ersten Schuljahren fallen diese aus und neue wachsen nach. Hier ein paar Zahlen – welche liegt der Anzahl deiner Zähne am nächsten?

1. Schneidezähne   a) 2   b) 8   c) 4
2. Eckzähne   a) 2   b) 4   c) 8
3. Vorbackenzähne   a) 4   b) 8   c) 12
4. Backenzähne   a) 4   b) 8   c) 12

Lösungen: 1b) 2b) 3b) oder c) Junge Leute haben vier Vorbackenzähne, Erwachsene acht. 4b) oder c) Junge Leute haben acht Backenzähne, Erwachsene meist 12.

Entdeckst du auch diese Teile in deinem Mund?

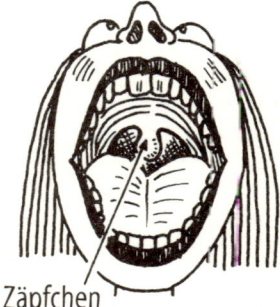

Zäpfchen

Gaumenzäpfchen: Dieses kleine Schlabberding hängt einfach so in deinem Rachen herum. Lateinisch heißt es „Uvula" (kleine Traube) – siehst du, warum? Man weiß nicht genau, wozu es gut ist, aber es hilft wohl beim Schlucken.

Rachenschleimhaut: Wenn du sie durch ein Mikroskop betrachtest, siehst du massenhaft weiche Zellen. Wenn sie absterben und abfallen, schluckst du sie zusammen mit Spucke. Ha, du isst dich also selber auf!

Zungenbändchen: Das ist dieses merkwürdige Stückchen Haut unter der Zunge. Man sieht hier auch die Blutgefäße, die deiner Zunge die Energie zum Reden oder Essen liefern (was auch gleichzeitig geht!).

Zahnbelag (Plaque): Eine gelblich-weiße Schicht, die von Bakterien gebildet wird. Plaque verursacht Karies und Mundgeruch. (Falls du welche findest, am besten gleich wegputzen!)

Schwieriges Schlucken

Nachdem du deinen Mund inspiziert hast, geht's ans Schlucken. Hierfür braucht man nicht lange nachzudenken, wahrscheinlich, weil es ein Reflex ist. Andererseits ist das Schlucken ein höchst komplizierter Vorgang – schaffst du es, wenn du diese Anweisungen befolgst? (Anmerkung: Dabei bitte nicht über dieses schöne Buch sabbern!)

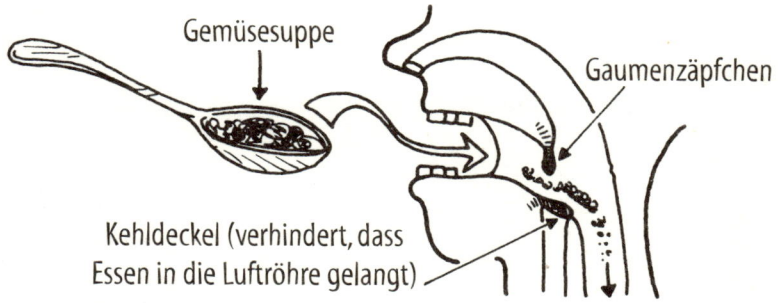

Gemüsesuppe

Gaumenzäpfchen

Kehldeckel (verhindert, dass Essen in die Luftröhre gelangt)

1. Drücke mit der Zunge den bereits vorgekauten Bissen in den oberen Rachenraum.

2. Drücke ihn (den Bissen natürlich!) nach hinten.

3. Schwinge dein Zäpfchen nach oben, damit das Essen nicht etwa durch den Nasenraum zu entkommen versucht. Du brauchst dich nicht groß zu bemühen – es geschieht automatisch.

– *Anmerkung 1:* Versuch während des Essens nicht zu lachen. Sonst schwingt dein Zäpfchen nach UNTEN – und die soeben gelöffelte Suppe tropft dir womöglich zur Nase heraus!

– *Anmerkung 2:* Versuch während des Schluckens nicht zu atmen. Sonst rutscht dein Essen versehentlich in die Luftröhre und du musst wie verrückt husten! Damit dies nicht geschieht, hast du einen Kehldeckel, der den Eingang zur Luftröhre absperrt.

Willst du wissen, was danach mit dem geschluckten Bissen geschieht? Ja? Okay, dann lies weiter – es ist ECHT scheußlich!

Aufregende Reise durch den Bauch

Die etwas andere Besichtigungstour! Stell dir vor, du bist so klein wie ein Stecknadelkopf und steigst in einen erbsengroßen Bus. Und los geht die Fahrt durch die Eingeweide! Unterwegs gibt's einen Gratis-Snack. Falls du noch Appetit hast...

WahnsinnsWissen präsentiert die ...

EINMALIGE EINGEWEIDE-TOUR

Erleben Sie die Reise durch den Bauch

KLEINGEDRUCKTES

1. Sollten Sie versehentlich mitverdaut werden, ist das Ihr Fehler – ok?
2. Keine Pinkelpausen während der Tour!

13.00 Uhr Start im Mund. Bitte anschnallen und Fenster schließen. Draußen ist es feucht, und wir stürzen jetzt demnächst durch die Speiseröhre. Platsch!

WahnsinnsWissen

13.01 Uhr
Freier Fall durch die
Speiseröhre − 25 cm
in atemberaubenden
10 Sekunden!!

13.02 - 18.00 Uhr
Fünf Stunden Aufenthalt im Magen. Bewundern Sie
35 Millionen Vertiefungen in der Magenschleimhaut,
die die Verdauungssäfte produzieren.
➤➤ Schöner als ein Sonnenuntergang am Meer:
Peperoni lässt die Magenwand erglühen!
➤➤ Lauschen Sie dem gewaltigen Dröhnen,
wenn Gase im Speisebrei entstehen und gigantische Blasen werfen!
➤➤ Erleben Sie die atemberaubende Spannung, wenn der Magen
sich rhythmisch zusammenzieht. (Bei Übelkeit: Papiertüten finden Sie
unter dem Sitz.)

18.00 Uhr Ein heftiger Ruck befördert uns weiter. Nun folgt die überaus reizvolle Kreuzfahrt über 6 Meter durch den Dünndarm. Reisegeschwindigkeit: 2,5 Meter pro Minute.

➤ Genießen Sie das sanfte Gleiten, während wir uns weiterquetschen. Der Schleim verhindert, dass der Darm sich selbst verdaut.

➤ Bewundern Sie die samtigen Darmwände und ihre 5 Millionen Vorsprünge (Darmzotten).

➤ Unvergesslich: Unsere Fahrt durch die enzymreichen Säfte von Bauchspeicheldrüse und Leber.

➤ Unvergleichlich, wie die Darmzotten die Speisebestandteile aufnehmen.

➤ Ergründen Sie den geheimnisvollen Blinddarm. (Jeder Mensch hat ihn – doch kein Mensch weiß, wozu er gut ist!)

22.00 Uhr Wir verbringen die Nacht im gemütlichen, geräumigen Dickdarm. Entspannen Sie sich beim friedlichen

Gurgeln des Wassers, das hier den restlichen Speisebestand-teilen entzogen und dem Körper zugeführt wird.

7.30 Uhr (in etwa) Rettungsweste und Fallschirm anlegen. Zeit für den Absprung ins Klo!

Brechreiz für die Wissenschaft

Die ersten Wissenschaftler, die sich mit den menschlichen Gedärmen befassten, hatten es nicht leicht. Nur durch jahrelanges Herumraten und grässliche emetische* Experimente kamen sie zu konkreten Ergebnissen.

* *Warnung an die Leser:* „Emetisch" bedeutet auf gut Deutsch: „Brechreiz erregend". Sich übergeben zu müssen ist ein Reflex, der automatisch eintritt, wenn sich die Magenmuskeln zusammenziehen. Dieses Kapitel zu lesen kann eventuell auch schon emetisch wirken. Also die Experimente bitte nicht nachmachen!

Emetische Experimente: Einfach zum Kotzen!

Falls du bisher geglaubt hast, dass ein Forscher immer mit einem fleckenlos weißen Kittel in einem strahlend sauberen Labor herumsteht, dann DENKE UM! Hier ein paar abschreckende Beispiele:

1. Réné Réaumur (1683 – 1757)

Verdienste: Berühmter französischer Forscher, Experte auf fast allen Gebieten, einschließlich Technik und Industrie.

Emetisches Experiment: Er dressierte Falken darauf, sich nach dem Fressen regelmäßig zu übergeben. Anschließend untersuchte er das Erbrochene, um zu sehen, wie halb verdautes Essen aussah.

Ekelhafte Entdeckung: Das gefressene Fleisch war im Vogelmagen nicht verfault, weil Enzyme die Bakterien zerstörten, die Lebensmittel faulen lassen.

Oh, das muss der süße Hase von gestern Nacht sein!

2. Lazzaro Spallanzani (1729 – 1799)

Verdienste: Berühmter italienischer Forscher, Experte für Vulkane, Zitteraale und Gewitterwolken. Er testete auch, ob Schnecken der Kopf nachwächst, wenn er abgeschnitten wurde.

Seine widerlichen Methoden:

● Er zwang Tiere, Röhrchen mit Fressen zu verschlingen, und ließ sie anschließend wieder erbrechen. So konnte er Veränderungen des Futters untersuchen. Er testete Katzen, Hunde, Ochsen, Molche, Schafe, ein Pferd und einige widerliche Schlangen.

● Er machte dieses Experiment auch an sich selbst und aß sein eigenes Erbrochenes. Eine Speise soll er insgesamt dreimal hintereinander gegessen haben, um zu sehen, wie sie sich verändert hatte!

● Danach erbrach er sich noch mal, um seine eigenen Magensäfte untersuchen zu können.

Emetisches Experiment: Er bewahrte einen Behälter mit Erbrochenem mehrere Stunden lang an einem warmen Ort auf.

Ekelhafte Entdeckung: Das Essen wurde weiter zersetzt. (Weil die vom Magen produzierten Enzyme brav weiterarbeiteten.)

3. Claude Bernard (1813 – 1878)

Besonderer Verdienst: Französischer Wissenschaftler, der jede Menge Leichen aufschnitt und grässliche Entdeckungen über das Blut und die Nerven machte.

Widerliche Methoden: Für seine Experimente entführte er Hunde und steckte den armen Kötern Schläuche in den Magen.

Emetisches Experiment: Fettem Essen fügte er die Bauchspeichelsäfte von Hunden bei.

Ekelhafte Entdeckung: Er erkannte die Bedeutung der Bauchspeicheldrüse für die Fettverdauung.

Würdest du du dich an solche Experimente wagen? Würdest du es überhaupt wollen? Wenn nicht, dann sei froh, dass du damals nicht dabei warst, 1822 in Mackinac, USA.

Ein skrupelloser Doktor oder Was kann ein Magen ertragen?

Der junge Mann stöhnte vor Schmerz. Nach einem Unfall mit der Schrotflinte klaffte eine riesige Wunde im Bauch von Alexis St. Martin, die Eingeweide lagen offen. Der junge Jäger hatte zwei gebrochene Rippen, eine ramponierte Lunge und ... ein Loch im Magen.

Aha, Schokopops zum Frühstück, wie ich sehe!

Traurig schüttelte Dr. William Beaumont den Kopf. Der Patient würde sterben, sehr bald schon. Bei solchen Verletzungen konnte man damals nur einen Verband anlegen und schon mal die Beerdigung planen. Doch wider alle Erwartungen überlebte Alexis die erste Nacht. Aus Wochen wurden Monate und dann schließlich ging es Alexis sogar besser. Doch der junge Patient hatte ein großes Problem: Sein Magen wollte einfach nicht zuheilen. Deshalb musste Alexis immer, wenn er etwas essen wollte, seinen Magen bandagieren, damit nicht alles wieder herausfiel.

Tapfer fand Alexis sich mit seinem Schicksal ab. Doch sein Hausarzt nutzte die Gelegenheit zu ein paar grausigen Experimenten. Einmal ließ er Alexis ein Stückchen rohes Fleisch an einem Faden verschlucken. Nach einiger Zeit zog er es wieder heraus, um zu sehen, wie es sich verändert hatte. Ein andermal steckte Dr. Beaumont ein Thermometer in die klaffende Wunde im Magen und beobachtete fasziniert, wie es infolge der Magentätigkeit lustig herumhüpfte!

Der Arzt erkannte rasch, dass bei vollem Magen besonders viel Magensaft produziert wurde. Mit einer Pipette entnahm er etwas Magensaft und untersuchte ihn auf seine Bestandteile. Zuerst probierte er ihn – WÜRG! Dann schickte er den Saft vorsichtshalber auch noch an ein paar Kollegen zum Testen.

Sie fanden heraus, dass der Magensaft Salzsäure enthielt. Diese sehr aggressive Säure spaltet die Nahrung auf und tötet Krankheitskeime ab.

Ab und zu stritten der Arzt und sein Patient. Versetz dich an Alexis' Stelle: Dr. Beaumont pflegt dich zwar schon seit zwei Jahren, aber ... Wenn es etwas Schlimmeres gibt als ein Loch im Magen, dann ist es ein ehrgeiziger Arzt, der dich ständig mit seinen Experimenten belästigt. Und auch im Laufe der folgenden Jahre hörte Dr. Beaumont nicht damit auf, an Alexis herumzudoktern!

Ironischerweise verhalfen die Streitereien dem Doktor zu weiteren wissenschaftlichen Erkenntnissen. Denn es war nicht zu übersehen, dass Alexis' Magen ganz rot wurde und bebte, wenn sein Besitzer wütend war!

Nach elf Jahren Tests und Terror veröffentlichte Dr. Beaumont im Jahre 1833 seine Forschungsergebnisse. Sein großzügig bebildertes (und ziemlich emetisches) Werk bescherte ihm über Nacht einen Riesenerfolg. Der Arzt wurde reich und berühmt. Und das verdankte er nur einer grässlichen Tatsache: Er schreckte vor nichts zurück!

Eine gewichtige Sache

Vor 300 Jahren beschloss der italienische Forscher Santorio Sanctorius eine ganz besondere Waage zu bauen. Sie war an der Decke aufgehängt und so groß, dass sein Stuhl, sein Schreibtisch und sein Bett darauf passten. Es war sogar noch Platz für seinen heiß geliebten Nachttopf aus Silber! Und von da an lebte Santorio auf der Waage und zeichnete täglich sein Gewicht auf.

Dreißig Jahre lang wog er sich. Er wog sich vor dem Essen, nach dem Essen und während des Essens. Er wog auch all das, was sein Körper davon übrig ließ und dann im silbernen Töpfchen landete.

Doch auch nach all diesen Jahren stand er immer noch vor einem Rätsel. Warum aß er regelmäßig mehr, als der Inhalt seines Nachttopfs wog?

Errätst DU die Lösung? Ist doch logisch: Das fehlende Gewicht ist vom Körper in Energie umgewandelt worden. Die Bausteine der verdauten, aufgelösten Nahrungsmittel werden ins Blut geschwemmt. Und das Blut transportiert es zu den Milliarden von hungrigen Körperzellen weiter. Überschüssige Zucker und Fette werden zur Lagerhalle Leber befördert.

Hochleistungslabor

Name: Leber

Fundort: Im oberen Bauchraum unterhalb des Zwerchfells.

Erfreulich: Macht quasi alles (siehe unten).

Weniger erfreulich: Wenn die Leber nicht mehr arbeitet, lagern sich die Abfallprodukte in der Haut ab.

Sensationell: Man kann bis zu 90 Prozent der Leber verlieren und trotzdem überleben! Der Leberrest wächst zu einer hübschen neuen Leber heran!

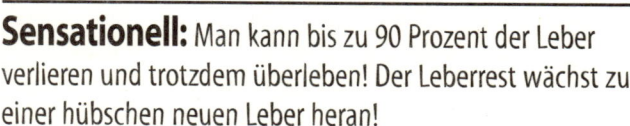

Im Ernst – deine kleine Leber ist unheimlich fleißig! So fleißig, dass sie rund ein Viertel des gesamten Sauerstoffs verbraucht, den das Blut durch den Körper transportiert. Die Leber …
• speichert Traubenzucker, Eisen, Vitamine und viele andere Stoffe, die bei Bedarf wieder ins Blut gehen;
• registriert und verarbeitet die Nahrungsbausteine, die vom Darm zu ihr gelangen;
• fängt Zellgifte ab und zerstört sie;
• erzeugt Verdauungssäfte.

Oft essen Menschen mehr, als ihr Körper braucht. Was überflüssig ist, wird eingelagert oder wieder ausgeschieden!

Müllbeseitigung 1 – Überschüssiges Essen

1. Jeden Tag kommt ein Teil des Essens vom Vortag wieder zum Vorschein. Durch die Verdauungssäfte der Leber ist es hübsch braun gefärbt.

2. Kinder produzieren täglich zwischen 65 und 170 Gramm davon. Einige unerschrockene Forscher haben festgestellt, dass Kot zu 75 Prozent aus Wasser besteht. Die übrigen 25 Prozent setzen sich zu zwei Dritteln aus unverdaulichen Speiseresten zusammen, zum Beispiel Körnern, Obstschalen und anderen Ballaststoffen. Der übrige Teil besteht aus … Bakterien!

3. Echt – in deinem Darm wimmelt es nur so von Bakterien, die es irgendwie geschafft haben, sich an der Magensäure vorbeizuschummeln. Unangenehm! Zum Glück sind die wenigsten davon schädlich.

4. Allerdings erzeugen sie Gase, die – zusammen mit den Gasen vom Essen und Trinken – oben oder unten wieder rauskommen, und das mit komischen oder peinlichen, meist geräuschvollen (und manchmal ziemlich übel riechenden) Ergebnissen.

Lass mich raten ... Bohnen?

5. Aber die wirklich schlechte Nachricht ist, dass diese Gase Methan enthalten, ein leicht brennbares Gas. (ANMERKUNG: Bitte keine Experimente damit an dir selbst oder an einem Lehrer! Als ein Chirurg einmal den Darm eines Patienten aufschnitt, kam es zu einer Gasexplosion! Echt wahr!)

Müllbeseitigung 2 – Überschüssiges Wasser

Ein Großteil aller Speisen besteht aus Wasser. Gurken enthalten zum Beispiel 90 Prozent Wasser und nur 10 Prozent Gemüsefasern.

Auch dein Körper besteht zu 75 Prozent aus Wasser, und für viele wichtige Körperflüssigkeiten wie Tränen, Rotz und Verdauungssäfte brauchen wir es. Nicht benötigtes Wasser wird von den Nieren ausgefiltert.

Steckbrief: Nieren

Name: Nieren

Fundort: Die beiden Nieren sitzen hinten im Körper direkt unterhalb der untersten Rippen.

Erfreulich: Sie entfernen überschüssiges Wasser, ungewünschte Salze und Abfallstoffe aus dem Blut.

Weniger erfreulich: Wenn man nicht genügend trinkt und deshalb die Nieren nicht gründlich durchgespült werden, bilden sie schmerzhafte Nierensteine.

Sensationell: Pro Minute filtern die Nieren einen Liter Blut.

Kläranlage

Eine Niere setzt sich aus rund einer Million Filterorganen (Nephronen) zusammen, die an eine Sammelröhre angeschlossen sind.

1. Das Nephron besteht aus dem Filter und einer gebogenen Röhre.

2. Das Blut fließt durch die Röhre, wobei die nützlichen Nährstoffe ausgefiltert werden.

3. Nutzloses Wasser, Salze und Schadstoffe fließen durch die Sammelröhre über den Harnleiter in die Blase.

4. Dieser flüssige Abfall heißt „Urin".

Schon gewusst?
Durch eine Urinuntersuchung kann man den Gesundheitszustand eines Menschen erkennen. Zu viel Zucker im Urin ist ein Zeichen für Diabetes. Früher mussten die Ärzte Urin probieren, um das herauszufinden! Auch die Farbe des Urins kann auf Krankheiten hinweisen.

Bist du ein Urin-Experte?

Ordne diese Urinproben den Ursachen für ihre jeweilige Färbung zu. ANMERKUNG: Du kannst die Fläschchen gerne anmalen!

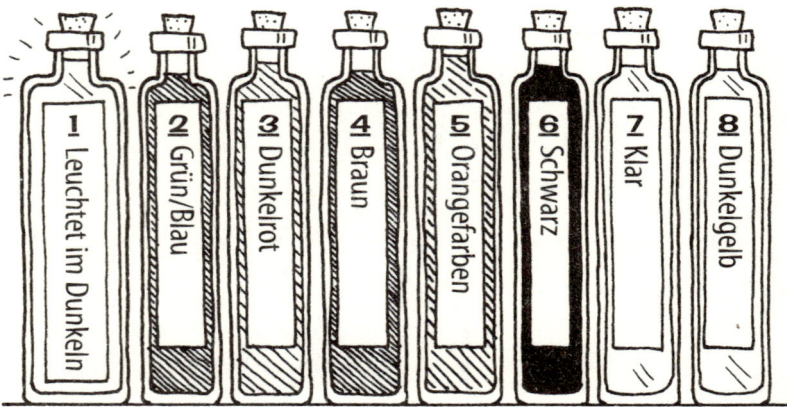

1 Leuchtet im Dunkeln
2 Grün/Blau
3 Dunkelrot
4 Braun
5 Orangefarben
6 Schwarz
7 Klar
8 Dunkelgelb

Ursache der Färbung:
a) Dem Patienten wurde tierisches Blut gespritzt.
b) Schwarzwasserfieber – eine scheußliche Tropenkrankheit.
c) Cholera oder Typhus (beides tödliche Krankheiten).
d) Der Patient hat sehr viel Flüssigkeit zu sich genommen.
e) Er hat zu viele Rote Bete oder Brombeeren gegessen.
f) Er hat Fieber und durch Schwitzen viel Wasser verloren.
g) Er hat viel Eiweiß gegessen.
h) Der Patient muss ein Außerirdischer sein!

Lösungen: 1h / 2c / 3e / 4b / 5f / 6a / 7d / 8g.

Die Nieren könnten natürlich nicht gut arbeiten, wenn das Blut seine Aufgabe nicht richtig erfüllen würde. Es muss so schnell durch den Körper sausen, wie das Herz pumpen kann! WARNUNG: Wenn du beim Anblick eines Eimers voll Blut wacklige Knie bekommst, solltest du dir besser die Augen verbinden, ehe du das nächste Kapitel beginnst!

Ein ganz besonderer Saft

Es wird dich vielleicht überraschen: Blut ist ein Organ wie andere auch. Mit dem großen Unterschied: Dieses Organ ist flüssig. Die Blutzellen werden nicht von Bindegewebe zusammengehalten, sie schwimmen im Blutplasma umher.

Steckbrief: Blut

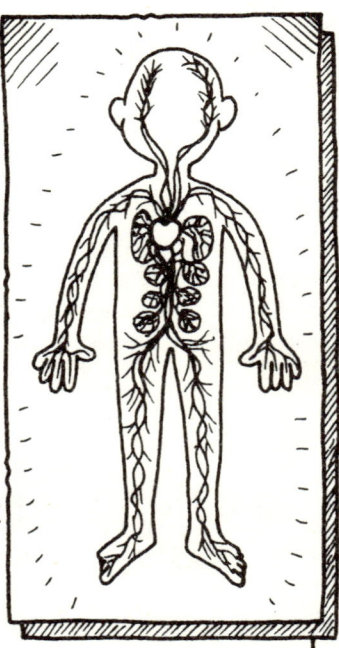

Name: Blut

Fundort: In einem Netzwerk von Blutbahnen im ganzen Körper. Du hast circa fünf Liter des roten Safts.

Erfreulich: Es transportiert z. B. Nährstoffe und Sauerstoff zu den Körperzellen.

Weniger erfreulich: Du kannst problemlos bis zu einem Drittel deines Bluts verlieren. Aber bei der Hälfte wird's KRITISCH!

Faszinierend: Im Blut wuselt so vieles herum, dass man sich nur wundern kann, wie alles darin Platz hat – siehe unten.

Rot wie Blut??
1. Dein Blut ist gelb! Ehrenwort! Wenn du Blut ungerinnbar machst und in einem Röhrchen ein paar Stunden lang

stehen lässt, sinken die Blutkörperchen nach unten und übrig bleibt eine klare, gelbliche Flüssigkeit.

2. Diese gelbliche Flüssigkeit heißt Plasma. Sie besteht zu 90 Prozent aus Wasser und zu 10 Prozent aus Nährstoffen, die deine Zellen brauchen um zu wachsen und gesund zu bleiben. Die Wissenschaftler können heute Plasma zu Pulver verarbeiten und später mit Wasser wieder verflüssigen.

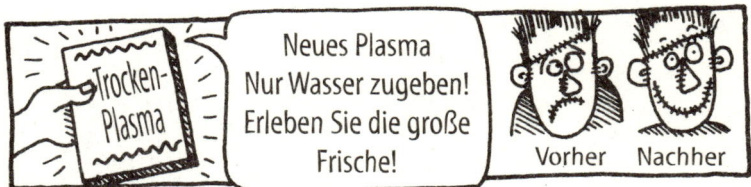

3. Stell dir das Blut als eine Art Saft vor, der durch deinen Körper fließt. Er enthält Zucker und andere Nährstoffe – weshalb Vampire und Moskitos so scharf darauf sind!

4. Blut ist dicker als Wasser, und zwar genau DREIMAL dicker. Das braucht dich nicht zu wundern, denn schließlich wimmelt es im Blut von Zellen … Hier die Mengen, die in einem winzigen millimetergroßen Tropfen enthalten sind:
– 7000 weiße Blutkörperchen (Leukozyten)
– 500000 Blutplättchen (Thrombozyten, lassen das Blut gerinnen)

– 5 Millionen rote Blutkörperchen (Erythrozyten)
Eindrucksvolle Zahlen, nicht wahr? Aber das ist noch gar nichts …
5. Insgesamt gesehen, besitzt dein Körper …
– 3.5 000.000.000 (35 Milliarden) weiße Blutkörperchen,
– 500.000.000.000 (500 Milliarden) Blutplättchen und
– 25.000.000.000.000 (25 Billionen) rote Blutkörperchen.
Zumindest behaupten das die Wissenschaftler …

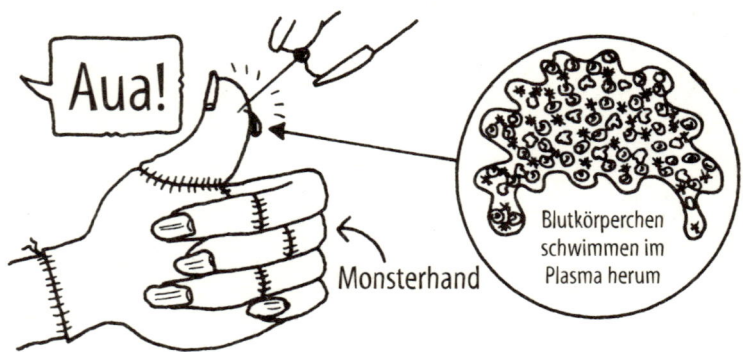

6. Aber diese Zahlen sind natürlich nur geschätzt, schließlich kann kein Mensch sie genau nachzählen.
7. Das Problem ist hierbei nicht nur die riesige Menge. Jede Sekunde werden im Knochenmark drei Millionen neue rote Blutkörperchen produziert, während drei andere Millionen absterben. Deshalb kann man, sobald man fertig gezählt hat, gleich wieder von vorne anfangen!
8. Zum Glück haben diese vielen Blutkörperchen genügend Platz. Die Blutgefäße in deinem Körper sind nämlich insgesamt 96.558 Kilometer lang. Wenn du also die Blutbahnen eines Menschen fein säuberlich aneinander reihen würdest, würden sie zweimal um die Erde reichen. Wäre das 'ne Autobahn!

Aber wenn du in einem niedlichen roten Blutkörperchen über dieses Autobahnnetz flitzen willst, musst du zuerst die Verkehrsregeln pauken!

Blutbahn-Verkehrsordnung

Regel Nr. 1: Es gibt nur Einbahnstraßen. Arterien führen vom Herzen WEG, Venen führen zum Herzen HIN. Niemals andersrum!

Regel Nr. 2: Wenden verboten! Hinter dir schließen sich Klappen, sodass es keine Umkehr gibt.

Regel Nr. 3: Rote Blutkörperchen fahren in der Mitte, weiße Blutkörperchen kriechen am Rand entlang.

Regel Nr. 4: Achte auf die anderen Verkehrsteilnehmer:

Rote Blutkörperchen   Weiße Blutkörperchen   Blutplättchen

Regel Nr. 5: Beachte die Geschwindigkeitsbeschränkungen! In den großen Arterien oberhalb des Herzens ist es ein Meter pro zwei Sekunden. In den Kapillaren (Haargefäßen) ist es ein Meter pro halbe Stunde!

Regel Nr. 6: Nach vier Monaten werden alle roten Blutkörperchen in der Leber verschrottet. Die Blutplättchen sind schon nach zwei Wochen fällig.

Regel Nr. 7: Halte dich von Blutgerinnseln an Wunden fern! Dort klumpen sich Blutplättchen zusammen und setzen einen Stoff frei, der das Plasma verdickt. Die anderen Verkehrsteilnehmer werden höflich gebeten, einen großen Bogen zu machen!

Falls du mal knapp an Blut sein solltest, brauchst du eine Bluttransfusion, das heißt, du bekommst das Blut eines anderen Menschen. Zum Glück brauchst du es nicht zurückzugeben!

Da erstarrt dir das Blut in den Adern …

Vor etwa dreihundert Jahren begannen die Wissenschaftler sich zu fragen, ob es möglich ist, einem Menschen fremdes Blut zu übertragen. Es gab nur eine Möglichkeit, das herauszufinden!

Eines schönen Tages im Jahre 1667 kamen etliche englische Ärzte zusammen um einer Blutübertragung beizuwohnen.
Ein Freiwilliger hatte sich bereit erklärt, sich 340 Milliliter fremdes Blut in die Adern spritzen zu lassen. Das Blut war ihm großzügigerweise gespendet worden von … einem Schaf!

1. Wie ging der Versuch aus?

a) Der Freiwillige überlebte.
b) Der Freiwillige bekam gekräuselte Haare und starb.
c) Der Freiwillige wurde wahnsinnig.

Lösung: c) Er wurde beschrieben als „nicht mehr ganz richtig im Kopf". Doch die Wissenschaftler störte das ganz und gar nicht, sie setzten die Versuche fort.

Aber dann schlug das Schicksal zu. In Frankreich starb ein Mann nach einer Blutübertragung. Warum, wusste kein Mensch! Der Arzt, der den Versuch geleitet hatte, wurde des Mordes angeklagt. Die Richter sprachen ihn zwar frei, aber die französische Regierung verbot weitere Blutübertragungen.

116

Die Engländer hingegen machten unbeirrt weiter. Technisch ging es damals natürlich noch recht primitiv zu. Eines Tages bot ein Arzt einem kranken alten Mann eine Blutübertragung an. So wollte er vorgehen:
• Einen Hühnerdarm gut mit warmem Wasser ausspülen,
• an jedem der beiden Enden eine silberne Kanüle anbringen,
• das eine Ende in den Arm eines gesunden Blutspenders stecken,
• das andere Ende in eine Vene des Kranken.
• Dann sollte das gesunde Blut in den Körper des Alten fließen.

Was glaubst du, geschah?

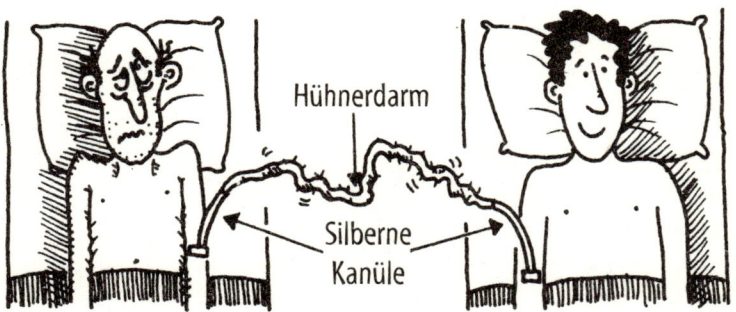

a) Der alte Mann sagte: „Nur über meine Leiche!", und verstarb kurz danach.
b) Der Alte war einverstanden, überlebte die Blutübertragung jedoch nicht.
c) Der Alte war einverstanden; ihm ging es bald besser, doch der Spender starb.

Lösung: a)

Bei einer Transfusion bestand das Risiko, dass das Blut verklumpte und lebenswichtige Blutgefäße blockierte.

Doch was verursachte diese tödlichen Klumpen? Die Antwort fand man erst im Jahre 1900, als der österreichische Bakteriologe Karl Landsteiner die verschiedenen Blutgruppen entdeckte. Welche Blutgruppe du hast, hängt davon ab, welche Art von roten Blutkörperchen du hast. Wenn Blutkörperchen verschiedener Blutgruppen aufeinander treffen, halten sie sich irrtümlich für Krankheitserreger und kämpfen gegeneinander! So kommt es zu den gefürchteten Verklumpungen.

Heutzutage wird Blut bei so genannten Blutbanken aufbewahrt, bis jemand Blut dieser Gruppe benötigt. In einer Blutbank gibt es also kein Geld, sondern Leben. Karl Landsteiner hat es leider nichts genützt. Er starb 1943 nach einem Herzanfall … infolge eines Blutgerinnsels!

Während einige Ärzte versuchten ihren Patienten Blut zukommen zu lassen, versuchten andere komischerweise, ihnen welches wegzunehmen. Letztere Gruppe glaubte nämlich, dass zu viel Blut schädlich sei.

Blutrünstige Therapie

Echt wahr – noch vor 200 Jahren hätte dir dein netter Hausarzt nicht nur Hustensaft verschrieben, sondern auch einen gründlichen Aderlass, damit dein „böses Blut" herausfließen konnte! Damals hatten Ärzte hübsche Sammlungen der verschiedensten Messer, speziell für diesen Zweck!

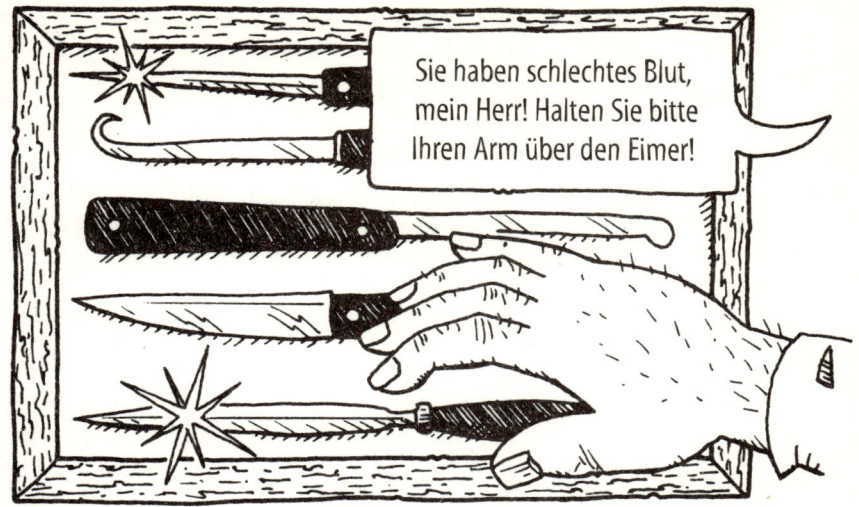

Was? Dir gefallen die Messerchen nicht? Na schön es geht auch anders. Errätst du, wie?

Ein putziges Tierchen

Was ist grün und gelb und tropft vor Schleim, hat zehn Mägen, drei spitze Zähne und ist 15 cm lang und VOLLGESOGEN MIT DEINEM BLUT, wenn es mit dir fertig ist? Kein Zweifel: Ein Blutegel!

Übrigens: Kindern legten die Ärzte besonders gerne Blutegel an! Das fanden sie netter, als die Kleinen aufzuschlitzen!

Schon gewusst?
Der französische Arzt François-Joseph-Victor Broussais (1772–1838) setzte bis zu 50 Blutegel gleichzeitig auf einen Kranken. Etwa 20 Millionen Liter Blut hat er seinen Patienten so abgezapft.

Herzensangelegenheit

Während du diese Zeilen liest, ist einer deiner Körperteile schwer am schuften. Besonders wenn du beim letzten Abschnitt vor Entsetzen Herzklopfen bekommen hast. Oder bist du doch ein beherzter Typ?

Steckbrief: Herz

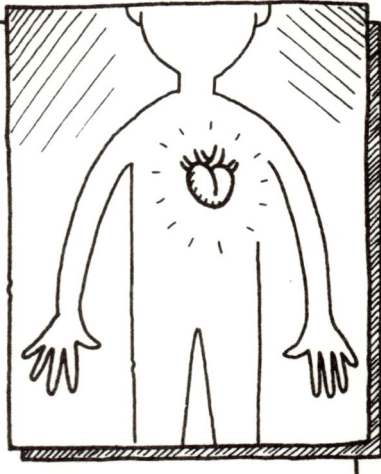

Name: Herz

Fundort: Das Herz sitzt links vom Brustbein.

Erfreulich: Pumpt das Blut durch den Körper.

Erstaunlich: Das Herz ist nicht herzförmig – es ist eher rund und hat ein Gewirr von Blutgefäßen an der Oberseite. Es ist etwa 12 cm lang und wiegt 250 bis 300 Gramm.

Sensationell: Es arbeitet wirklich ohne Pause! (siehe nächste Seite)

Schwerstarbeit rund um die Uhr

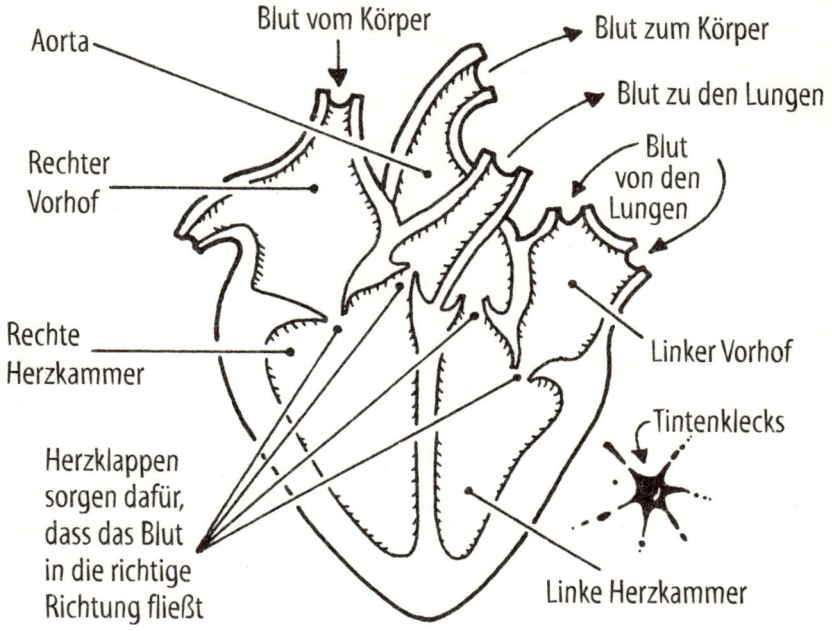

Aorta

Blut vom Körper

Blut zum Körper

Blut zu den Lungen

Rechter Vorhof

Blut von den Lungen

Rechte Herzkammer

Linker Vorhof

Tintenklecks

Herzklappen sorgen dafür, dass das Blut in die richtige Richtung fließt

Linke Herzkammer

• Pro Minute bewegt das Herz in Ruhe etwa drei bis vier Liter Blut, bei schwerer Arbeit können es bis zu 30 Liter sein.

• Im Gegensatz zu allen anderen Organen, die vom Gehirn gesteuert werden, besitzt das Herz einen eigenen Schrittmacher, den Sinusknoten, der es mit winzigen Elektroschocks antreibt. Das Tempo wird vom Gehirn gesteuert und von deinen Gefühlen beeinflusst – daher das Herzklopfen vor einer Klassenarbeit.

• Im Laufe eines Menschenlebens schlägt das Herz insgesamt 4.000.000.000 Mal!

• Dabei pumpt es über 300 Millionen Liter Blut. Damit könnte man 5.500 große Schwimmbäder füllen!

• Und in der ganzen Zeit macht dein Herz keine einzige Pause, auch nicht, wenn du schläfst!

Teste selbst ... wie das Herz schlägt!

Hierfür brauchst du nur dich selbst, gute Ohren und einen Freund oder eine Freundin. (Wenn du ihm oder ihr nicht zu nahe kommen willst, brauchst du auch einen Trichter.) Lege dein Ohr oder den Trichter an sein/ihr Herz. Nun müsstest du so etwas hören wie „lub-dub, lub-dub, lub-dub". Das „Lub" müsste etwas lauter und länger sein als das „Dub".

Kannst du es vielleicht etwas lauter stellen?

Betrachte noch mal die Abbildung des Herzens. Jede der vier Kammern pumpt das Blut in die eingezeichnete Richtung. Das Geräusch „Lub-dub" stammt vom Zusammenziehen des Herzmuskels und vom Öffnen und Schließen der Herzklappen, die das Blut immer nur in eine Richtung fließen lassen.

Aber nicht nur dein Herz schlägt. Man hört das Blut auch an anderen Stellen pulsieren, zum Beispiel am Handgelenk unterhalb des Daumens oder vorne am Hals. Woher kommen diese Pulsgeräusche?

a) Die Arterien pumpen das Blut vorwärts.

b) Die Arterien schwellen an, wenn ein vom Herzen kommender Blutschwall vorbeirauscht.

c) Die Venen schwellen an, weil das Blut einen Moment lang stillsteht.

Wahrscheinlich fragst du dich, warum die Hälfte deines Herzens Blut in die Lunge pumpt. Nun, deine Lunge besteht nicht nur aus einem Paar keuchender Luftbeutel. Sie ist dazu da, den Körper mit dem lebensnotwendigen Sauerstoff zu versorgen, den die roten Blutkörperchen zu allen Zellen transportieren. Ohne dieses wertvolle Gas ginge uns ganz schön die Luft aus!

Kein Luftikus: die Lunge

Ohne die Lunge wären wir buchstäblich ... atem-los. Tag für Tag, Jahr um Jahr, holt deine Lunge Luft – ungefähr 600 Millionen Mal in deinem Leben. Und du brauchst sie nie daran zu erinnern. Aber sie hat eine echt stressige Aufgabe, und die Fakten über die Lunge werden dir glatt den Atem verschlagen!

Steckbrief: Lunge

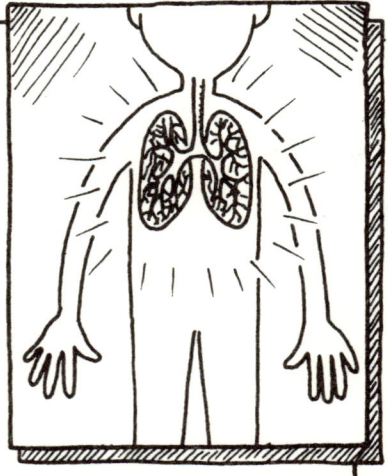

Name: Lunge

Fundort: Im Brustkorb, links und rechts vom Herzen, das eingekuschelt in einer kleinen Vertiefung der linken Lunge liegt.

Erfreulich: Sie holt Luft, damit dein Blut den dringend benötigten Sauerstoff zu den Zellen transportieren kann.

Weniger erfreulich: Rauchern verdreckt die Lunge. Bei starken Rauchern sieht sie aus wie ein verklebter alter Teereimer!

Sensationell: Deine Lunge besteht aus etwa 700 Millionen winzigen Gefäßen und Bläschen. Ausgebreitet hätten sie fast die Größe eines Tennisplatzes.

Die Lunge und ihr Innenleben

„Ich bin ganz außer Atem", sagt man manchmal. Das kann nicht sein – denn du atmest immer! Hier erfährst du, wie die Atmung abläuft.

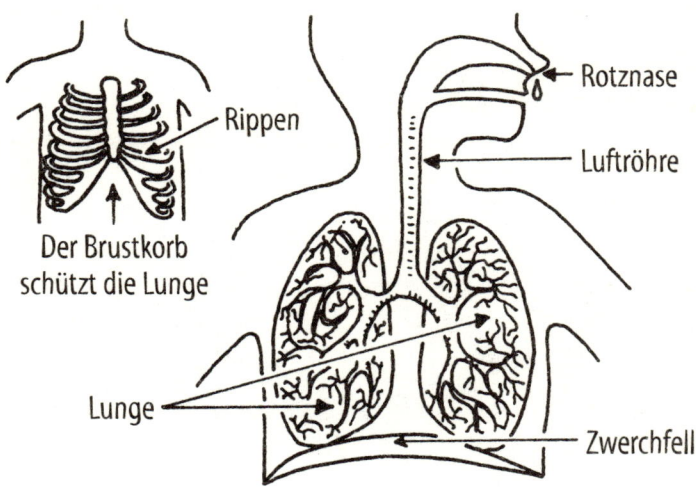

1. Das Zwerchfell senkt sich.
2. Der Brustkorb hebt sich.
3. Durch Nase und Mund wird Luft angesaugt.
4. Die Luft mündet in die kleinen Lungenbläschen.

Der Ort der Atmung

In den Lungenbläschen findet die eigentliche Atmung statt. Der Sauerstoff der Luft wird an die roten Blutkörperchen abgegeben. Gleichzeitig gibt das Blut Kohlendioxid ab, ein Abfallprodukt der Zellen. Dieser Vorgang dauert nur eine Drittelsekunde. Danach laufen die Atmungsschritte 1 – 4 in umgekehrter Reihenfolge ab und du atmest wieder aus. Und das alles in einem atemberaubenden Tempo!

Schon gewusst?

Hast du blaues Blut in den Adern? Wenn die roten Blut-
körperchen mit Sauerstoff angereichert sind, sind sie
hellrot. Nachdem sie den Sauerstoff an die Zellen abge-
geben haben, sind sie dunkelrot. Deshalb fließt in den
Venen, die das Blut zum Herzen zurückleiten, dunkles
Blut. Und wenn du helle Haut hast, sieht es blau aus!
Früher hat man gesagt, Adlige hätten blaues Blut. Da sie
sich nie im Freien aufhielten, waren sie sehr bleich, und
man sah ihre schaurig blauen Venen durchscheinen!

Wer täuscht seinen
Adel nur vor?

Teste deinen Lehrer

Bring mit diesem Test frische Luft in den Unterricht! Deinem Lehrer wird es den Atem verschlagen. Gib ihm vorher
noch einen kleinen Tipp: Ein Erwachsener braucht pro Minute etwa sechs Liter Sauerstoff.

1. Ein Mann steht in einem luftdicht verschlossenen Raum.
Darin befinden sich 270 Liter Sauerstoff. Wie lange wird
es maximal dauern, bis er durch Sauerstoffmangel ohn-
mächtig wird?
a) 45 Minuten
b) 4 Stunden
c) 45 Stunden

2. *Eine Frau schläft in einem isolierten kleinen Raum der Größe 1,8 x 1,8 x 1,5 m, in dem sich circa 1300 Liter Sauerstoff befinden. Reicht das, um während der Nacht nicht ohnmächtig zu werden? (Hinweis: Beim Schlafen benötigt man nur die Hälfte der üblichen Sauerstoffmenge.)*
a) Ja, es würde sogar noch eine weitere Nacht reichen!
b) Nein, sie würde ersticken.
c) Ja, es reicht knapp!

3. *Schätze, wie viel Sauerstoff du im Laufe deines Lebens brauchst!*
a) So viel, wie in zwei große Luftschiffe passt.
b) So viel, wie in einen kleinen Heißluftballon passt.
c) So viel, wie in 339 174 Heißluftballone passt.

4. *Warum würdest du sterben, wenn du versuchen würdest, dich auf dem Grund eines Sees zu verstecken und durch ein Schilfrohr zu atmen?*
a) In kaltem Wasser können die Lungen nicht arbeiten.
b) Das gegen den Körper pressende Wasser würde dich am Atmen hindern, und der Querschnitt des Schilfsrohrs ist zu klein.
c) Durch das Wasser, das zu den Ohren hereinströmt, würdest du ertrinken.

5. *Eine Frau hat Schluckauf. Welcher Teil ihres Atmungssystems ist schuld daran?*
a) Das Zwerchfell.
b) Die Rippen.
c) Die Lungen.

Lösungen: 1 a) Das soll in alten Telefonzellen ein Problem gewesen sein! 2 c) 3 a) Das sind 368 000 Kubikmeter Sauerstoff! 4 b) Es geht nur bis zu 23 cm unter der Wasseroberfläche. 5 a) Vermutlich hat sie zu schnell gegessen oder getrunken.

127

Schrecklicher Schluckauf

1963 bekam die Kellnerin Lucy Schluckauf.

HICK!

Sie machte noch mal

HICK!

Und noch mal

HICK!

Es hörte einfach nicht mehr auf. Monate vergingen.

Sie versuchte: im Kopfstand trinken, die Luft anhalten, in eine Papiertüte atmen, Bonbons lutschen und erschrecken.

Insgesamt nahm sie 2000 Mittel.

Ging zu über 100 Ärzten.

Nahm 18 Kilo ab.

HICK! HICK! HICK! HICK! HICK!

Musste ihren Job aufgeben.

Tschüss, Hick!

Erst 1965 nach **zwei Jahren** hörte es auf.

Wie kam es zu dieser Heilung?
a) Durch einen massiven Elektroschock.
b) Durch einen Wunderheiler.
c) Lucy ließ sich operieren.

Teste selbst ... wie du redest!

REDEN: Manche Leute tun es ununterbrochen. Diese Angewohnheit ist besonders unter Lehrern verbreitet. DU weißt natürlich, wie man redet (und wann man besser schweigt). Aber was hat deine Lunge damit zu tun?

Am Eingang der Luftröhre befindet sich der Kehlkopf, unser Stimmorgan. Mehrere kleine Muskeln ermöglichen die Bewegung der Kehlkopfknorpel und der Stimmbänder - und damit die Stimmbildung. Wird Luft aus der Lunge durch die Luftröhre zwischen den Stimmbändern hindurchgepresst, geraten sie in Schwingung, und es entsteht ein Laut. Je stärker die Luft durch diese Stimmritze hindurchgepresst wird, desto lauter wird der Ton. Je länger die Stimmbänder sind, desto tiefere Töne erzeugen sie. Männer haben einen größeren Kehlkopf als Frauen, somit auch längere Stimmbänder – also eine tiefere Stimme. Wenn bei Jungen der Kehlkopf während der Pubertät wächst, kommen sie in den „Stimmbruch".

Beim Sprechen sind aber auch Zunge, Lippen und Kiefer beteiligt. Wie wichtig sie sind, merkst du, wenn du diesen unaussprechlichen Sprachtest machst.

1. Steck die Zunge in die Backe und versuche „Ski" zu sagen.

2. Sage „Pein", ohne dass deine Lippen sich berühren.

> Hör auf
> zu sabbern!

3. Lege eine Hand unter das Kinn und versuch zu reden, ohne den Unterkiefer nach unten zu bewegen.

> Mach dir nichts daraus,
> dass du wie ein Trottel
> aussiehst und klingst!

In welchem Fall war die Aussprache …
a) möglich
b) möglich, aber sehr komisch
c) unmöglich
Du wirst dich totlachen, wenn deine Freunde und Freundinnen diesen Test machen!

Lösungen: 1 b) 2 c) 3 b)

Hast du Töne!!
Hier ein paar weitere Geräusche, die du nur dank deiner Lunge zu Stande bringst …

Gähnen
Du gähnst, wenn dein Gehirn Sauerstoffmangel registriert. Deshalb holst du mit einem Mal eine ganze Menge Luft. Auch langweilige Schulstunden können ein Gähnen auslösen.

Lachen

Du lachst, wenn nach tiefen Atemzügen durch ruckartiges Zusammenziehen des Zwerchfells kurze Atemstöße aus den Lungen erfolgen. Das kann passieren, wenn du siehst, wie dein Lehrer vom Fahrrad fällt!

Weinen

Beim Weinen atmet man genauso wie beim Lachen. Nur dass man andere Gefühle dabei hat. Weinen kann eine direkte Folge davon sein, dass man im falschen Moment gelacht hat.

Doch egal, was du mit deinen Lungen auch tust, eines solltest du wissen. Und es ist absolut nicht zum Lachen …

Atmen ist schädlich!

Die Luft, die wir einatmen, ist nicht immer so sauber wie sie sein sollte. Besonders wenn du in einer Großstadt lebst. Dann atmest du tagtäglich 20 Milliarden Staub- und Schmutzpartikel ein! DIE GUTE NACHRICHT: Dein Körper weiß mit diesen Eindringlingen umzugehen.

1. In der Nase, in der Luftröhre und in den Lungenkanälen sitzen feine Härchen, die all dieses grässliche Zeug in den Mund oder die Nasenlöcher zurückbefördern.

2. Der Schleim in Nase und Luftröhre ist eine absolut sichere Falle für die Eindringlinge. Wenn sie dort stecken bleiben, sind sie verloren. Sie landen mitsamt dem Rotz in deinem Taschentuch.

Gesundheit!

Du kannst Schmutzpartikel auch wieder heraushusten ...
Dazu musst du nur die obere Öffnung der Luftröhre zu-
klappen und dann ruckartig aufreißen. Dann wird das Zeug
mit 150 Metern pro Sekunde aus dem Mund geblasen!

Niesen ist auch eine tolle Abwehr. Stell dir vor, etwas kit-
zelt in deiner Nase. Das meldet dein 5. Gehirnnerv an die
Ausatmungsmuskeln, die sich nun krampfhaft zusammenziehen. Folge: Ein Mini-Hurrikan mit über 160 Stundenki-
lometern fegt dir durch Nase und Mund.

Warm anziehen!

Doch nicht nur durch Staub und Schmutz musst du husten und niesen. In der Luft, die wir einatmen, wimmelt es von Erregern, deren einziges Ziel es ist, über deinen Körper herzufallen und die widerlichsten Krankheiten zu verursachen! Haaatschiiii!

Das nächste Kapitel macht mich ganz krank ...

Erregende Erreger

Erinnerst du dich an den Nieser am Ende des letzten Kapitels? Es war nicht nur ein harmloser Luftstoß. Er enthielt Millionen Tröpfchen schmutzigen Speichels und unzählige Krankheitserreger, die auf der Suche nach einem Opfer durch die Luft sausen. Um grässliche oder gar tödliche Krankheiten auszulösen. Deshalb willkommen im Kriegsgebiet deines Körpers! Erstaunlicherweise merkst du fast nie, wie hart hier gekämpft wird!

Es gibt Tausende von Krankheitserregern, aber sie lassen sich in zwei Hauptgruppen unterteilen: die brutalen Bakterien und die widerlichen Viren. Und alle beide sind kleine Monster!

Brutale Bakterien

Bakterien gibt es in vielen schrecklichen Formen und Größen. Einige sehen aus wie Tintenfische, andere wie Würstchen und wieder andere haben eine Schwanzflosse. Sie verdoppeln sich alle 20 Minuten, sodass es innerhalb einer Stunde achtmal mehr sind. Und in nur acht Stunden kann eine einzige Bakterie 16 Millionen Kopien von sich herstellen!

Viele Bakterien lieben schattige Plätzchen, weil die Sonne sie zerstört. Bei schlechtem Wetter lassen sie sich vom Wind treiben. Und einige von ihnen sind mit einem Gift bewaffnet, das 100 000 Mal stärker ist als das hochgiftige Strychnin!

Widerliche Viren

Sie haben keinen eigenen Stoffwechsel und sind zur Vermehrung auf Wirtszellen angewiesen! Ein Virus dringt in die Wirtszelle ein und bringt sie dazu, neue Viren herzustellen. Die Zelle geht meist daran zugrunde. Tod wegen Überarbeitung!

Verbrecheralbum

Zu den brutalen Bakterien gehören Erreger, die Furunkel, Hirnhautentzündung und Magenverstimmungen hervorrufen. Die widerlichen Viren verursachen zum Beispiel Grippe, Windpocken und die Masern. Es gibt noch unzählige andere Krankheitserreger – hier nur eine kleine Auswahl!

Botulismus (Lebensmittelvergiftung)

Ursache: Lauert in verdorbenen Würstchen und Konserven, in Erde und in faulendem Laub.

Symptome: Es kommt zu Lähmungserscheinungen, und man sieht alles doppelt!

Bekannte Straftaten: 1922 starben acht Fischer in Schottland daran. Sie hatten verdorbene Wurstbrötchen gegessen.

Gefährlichkeitsstufe: Tödlich, wenn nicht behandelt. Aber keine Panik – diese Krankheit kommt äußerst selten vor!

Lepra

Ursache: Man kann Lepra nur durch längeren Kontakt mit bereits leprakranken Menschen bekommmen. (Aber nicht jede Form von Lepra ist ansteckend.) Entwickelt sich nur langsam, über mehrere Jahre hinweg. Den Menschen, die ganz schwer erkranken, fallen die Finger und Zehen ab.

Symptome: Greift Haut und Nerven an.

Bekannte Straftaten: Befällt Millionen von Menschen besonders in heißen Ländern.

Gefährlichkeitsstufe: Nicht sehr gefährlich, weil man nicht leicht angesteckt wird – aber sehr, sehr heimtückisch, wenn es erst einmal passiert ist!

Grippe

Ursache: Der Virus ändert seine Form jedes Jahr, sodass die Körperabwehr ihn nicht so leicht erkennt.

Symptome: Fieber, Gliederschmerzen, Rotznase – und ein paar Tage schulfrei!

Bekannte Straftaten: 1918 starben bei einer weltweiten Grippewelle 25 Millionen Menschen.

Gefährlichkeitsstufe: Kein bekanntes Gegenmittel. Zum Glück sind die meisten Grippeerkrankungen nicht tödlich – sonst würdest du länger als nur ein paar Tage in der Schule fehlen!

Fleckfieber

Ursache: Wird durch Läuse übertragen, die ihre widerlichen Absonderungen in der menschlichen Haut hinterlassen. Würg!

Symptome: Führt zu rötlichem Hautausschlag, hohem Fieber und kann auch tödlich sein. Auch die Laus überlebt nicht, aber was hat man schon davon?

Bekannte Straftaten: Im Gegensatz zu den meisten anderen Straftätern genießen die Erreger ihre Gefangenschaft. 1750 sprangen in einem Londoner Gericht infizierte Läuse von den Angeklagten auf die Richter und Geschworenen. Drei Richter und acht Geschworene kamen so zu Tode.

Gefährlichkeitsstufe: Kommt noch immer in ärmeren Ländern vor, kann aber inzwischen gut behandelt werden.

Der Körper schlägt zurück

Endlich eine gute Nachricht: Dein Körper ist gegen die
schädlichen Eindringlinge gewappnet! Er verfügt über jede Menge Abwehrmechanismen. Wie das entdeckt wurde?
Nun, diese Geschichte ist echt zum Heulen …

Eine tränenreiche Geschichte

1. Im Jahre 1921 züchtete der britische Bakteriologe Alexander Fleming
für ein Experiment Krankheitserreger. Weil er eine schlimme Erkältung
hatte fiel ein Tröpfchen Rotz auf die Erreger – und alle starben.

2. Fleming begriff, dass Rotz eine keimtötende Substanz enthalten
musste. Er experimentierte mit Blutplasma, Spucke und Tränen weiter.

3. Tränen entpuppten sich als hervorragende Keimkiller. Um an Tränen zu kommen, spritzte Fleming ahnungslosen Besuchern in seinem Labor Zitronensaft in die Augen. (Bitte nicht nachmachen, es brennt HÖLLISCH!)

4. Er machte auch vor Kindern nicht Halt. (Und drückte ihnen zum Trost ein paar Pfennige in die Hand!)

5. Wenig später stellte Fleming fest, dass auch Eiweiß keimtötend war. Also nahm er sich Eier vor!

6. Dann entdeckte er, dass auch Fischlaich ähnlich keimtötend wirkte. Also ging er fleißig angeln – zum Glück war das sein Hobby!

Mageres Ergebnis

Erst 1965 fand man heraus, dass die keimtötende Substanz ein Enzym namens Lysozym war. Man fand es in allen Stoffen, die Fleming getestet hatte. So, das war die gute Nachricht. Doch leider tötet Lysozym nicht alle bekannten Krankheitserreger – nur ein paar von ihnen.

Zum Glück hast du ein eingebautes Abwehrsystem gegen Krankheitserreger. Ein Heer von Mini-Soldaten kämpft und stirbt für dich. Es sind die großartigen weißen Blutkörperchen – insgesamt 35 000 000 000 (35 Milliarden)! Hier eine nähere Beschreibung.

Steckbrief: Immunsystem

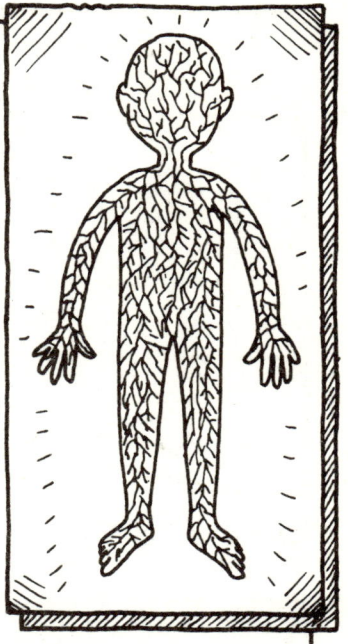

Name: Immunsystem

Fundort: Die weißen Blutkörperchen in den Adern und ein verzweigtes Netzwerk von Kanälen, das Lymphsystem.

Erfreulich: Sie sorgen für deine Gesundheit, indem sie Krankheitserreger bekämpfen.

Weniger erfreulich: Eiter aus einer infizierten Wunde besteht aus Millionen weißer Blutkörperchen, die im Kampf gefallen sind.

Sensationell: Weiße Blutkörperchen können miteinander „reden" – durch eine chemische Substanz, die Botschaften weitergibt, z. B. „ Hau diesem Virus eins auf die Birne!".

1. Die Kanäle bilden ein Leitungsnetz für die Lymphe – eine Flüssigkeit, die dem Blutkreislauf zugeführt wird.
2. Lymphknoten: Diese Klümpchen filtern böse Bakterien aus den Kanälen. Sie schwellen an, wenn du krank bist.

3. Milz: Bildet unter anderem weiße Blutkörperchen.
4. Thymusdrüse: Beeinflusst die übrigen lymphatischen Organe.

Auf in den Kampf!

Ständig versuchen schädliche Eindringlinge in deinen Körper zu gelangen – durch die Nase, über das Essen oder durch Kratzer und Schnitte.

1. Aber deine tapferen weißen Blutkörperchen sind bereit ...

T-Zelle Wächterzelle, die nur auf Eindringlinge wartet.	**B-Zelle** Killerzelle, die Antikörper gegen die Eindringlinge bildet.	**Makrophage:** Große, gierige Zelle, die Eindringlinge auffrisst.

2. Die T-Zelle krallt sich einen der zappelnden Störenfriede.

3. Sie rast zu einer B-Zelle, die passende Antikörper herstellt, welche die Eindringlinge zusammenkleben. Ein verzweifelter Wettlauf, denn die Gegner vermehren sich rasch!

Antikörper

4. Die B-Zelle schießt mit Antikörpern um sich, damit die Keime zusammenkleben.
5. Die T-Zelle, befiehlt der B-Zelle, sich sofort zu vermehren, um weitere herumlungernde Krankheitserreger anzugreifen.

6. Die Makrophage umfließt die verklebten Bakterien und verschlingt sie! Sie kann circa 20 Bakterien gleichzeitig packen und auffressen, während diese noch zappeln! Herzlichen Glückwunsch, ein klarer Sieg!

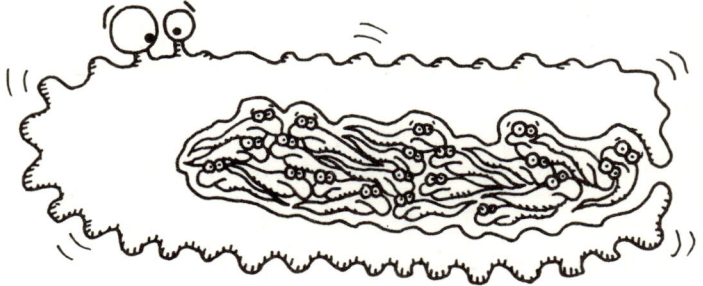

Dein Körper hat gewonnen, wenn er alle Keime vernichten konnte, ohne zu viele weiße Blutkörperchen zu verlieren. Ein paar Hunderttausend sind okay, aber bei ein paar Milliarden wird es schon problematisch! Nach der Schlacht liegen zig halb verdaute Bakterien auf dem Schlachtfeld herum.

Wie man unglaublich immun werden kann

Es gibt Krankheiten, die bekommst du nie wieder, wenn du sie einmal überstanden hast. Dein Immunsystem führt nämlich Buch: Einige von deinen weißen Blutkörperchen registrieren die Informationen über die passenden Antikörper. Dein Körper kann so die Daten von unglaublichen 18 Milliarden Arten von Antikörpern speichern!

Aber ab und zu braucht dein Immunsystem auch etwas Unterstützung. Darum wirst du geimpft: Das heißt, der Arzt spritzt dir tote Krankheitserreger. HILFE!

Doch auf diese Weise kann dein Körper die passenden Antikörper entwickeln. Und falls du dich ansteckst, hat er sie gleich da! Man schrieb das Jahr 1796, als jemand auf diese großartige Idee kam.

Nur ein kleine, harmlose Spritze

Einige der Zuschauer gähnten oder schnaubten gelangweilt. Einer murmelte leise: „Er redet schon wieder über seine Kuhpocken, dieser Jenner!"

Nur wenige der Mitglieder des Ärztevereins interessierten sich für das, was die untersetzte Gestalt mit der wildledernen Kniehose zu sagen hatte. Sie hatten es schon so oft gehört. Doch Dr. Edward Jenner fuhr unbeirrt fort.

„Die Pocken töten Millionen von Menschen. Sie führen zu Fieber und zu Eiterbeulen am ganzen Körper. Kaum einer überlebt. Aber ich bin sicher, dass die Menschen, die die mildere Form der Kuhpocken hatten, vor der tödlichen Pockenerkrankung geschützt sind."

„Warum testen Sie das nicht?", rief jemand.

„Ja", brüllte ein anderer. „Und zwar am besten an sich selbst."

„Auch ein Großteil der Landbevölkerung", versuchte Dr. Jenner den Aufruhr zu übertönen, „ist davon überzeugt."

Das Publikum lachte. Es schien nicht viel von der Landbevölkerung zu halten.

Dr. Jenner verließ das Rednerpult, wieder einmal zutiefst enttäuscht. Er dachte daran, wie er als Achtjähriger beim Arzt gewesen war und welche Angst er vor der großen Nadel gehabt hatte, aus der Eiter von einem Pockenkranken tropfte. Das war die übliche Impfung mit lebenden Keimen. Sie war sehr gefährlich. Sie sollte eine leichte Form von Pocken auslösen und vor dem vollen Ausbruch der Krankheit schützen. Doch der kleine Jenner bekam so hohes Fieber, dass er beinahe daran starb.

Es musste eine bessere Lösung geben. Jenner war davon überzeugt, dass Menschen, die Kuhpocken gehabt hatten (zum Beispiel weil sie infizierte Kühe gemolken hatten), später niemals die Pocken bekommen würden. Wenn er es nur beweisen könnte ...

Eines Tages kam die junge Melkerin Sara Nelmes in die winzige Gartenhütte, die ihm als Praxis diente.

Sie hatte sich die Hand aufgeschürft, und als der Arzt sie untersuchte, bemerkte er bläulich geschwollene Flecken.

„Oh, sind das Kuhpocken, Sara?", fragte er.

„Ja, Sir", antwortete das Mädchen errötend. „Aber dafür kriege ich jetzt keine Pocken mehr."

Jenner lächelte. „Sara, mit Ihrer Erlaubnis würde ich gerne ein Experiment machen."

Mit einer Spritze entnahm Dr. Jenner einen Eitertropfen aus Saras Hand. Das war der Moment, auf den er seit 20 Jahren gewartet hatte. Er beschloss, den Eiter dem achtjährigen James Phipps zu spritzen. Doch dann sah er die Angst in den Augen des Jungen und dachte wieder an seine eigene Angst, damals vor vielen Jahren ...

Jenner schloss die Augen und biss die Zähne zusammen, als er zwei Kratzer in den Arm des Jungen ritzte. In den nächsten Tagen würde James an allen Beschwerden der Kuhpocken leiden. Aber würde das wirklich ausreichen, um ihn gegen die wesentlich gefährlicheren Pocken immun zu machen?

Sechs Wochen später hielt Jenner vor Spannung die Luft an, als er dem armen James Eiter von einem Pockenkranken spritzte. Das war der endgültige Test. Er würde zwei Wochen lang warten müssen und dann …? Was, wenn der Junge die lähmenden Rückenschmerzen bekam, das hohe Fieber, Schüttelfrost und die tödlichen Flecken? Angenommen, er, Jenner, hatte Unrecht? Dann konnte der Junge sterben. Und er hatte einen Mord begangen!

Doch die Wochen vergingen und James ging es blendend. Der Junge war definitiv immun gegen Pocken. Aber noch immer gab es Leute, die spotteten. Sie sangen Lieder über Menschen, die sich nach einer Kuhpocken-Impfung in Kühe verwandelten.

„An der Stirn, da wuchs ein Horn erst klein,
den Körper überzog ein Fell so fein…"

Doch Dr. Jenner gab bald darauf ein Buch heraus mit vielen geschmackvollen Farbzeichnungen von eitergefüllten Kuhpocken-Pusteln. Er fand immer mehr Anhänger, und bald schon kamen reiche Patienten um sich impfen zu lassen. Das Heilmittel gegen die gefährlichen Pocken war gefunden! Dr. Jenner wurde reich und erfolgreich, und das verdankte er nur dem Jungen James. Was schenkte er ihm zum Dank dafür?

a) Seine eigene Reetdachhütte mit Blumen an der Tür?
b) Eine Spritze aus massivem Gold?
c) Einen Schilling (in etwa 1 Mark).

Lösung: a)

Der Sieg über die Pocken

Die Tage des Pockenvirus waren so gut wie gezählt. Überall in Europa und Nordamerika organisierten die Regierungen Reihen-Impfungen. Schließlich konnte die Weltgesundheitsorganisation 1980 verkünden, dass die Pocken endgültig der Vergangenheit angehörten. Bis heute haben die Forscher viele Impfstoffe gegen verschiedene Krankheiten entwickelt. Bei uns werden schon Babys gegen fünf verschiedene Krankheiten geimpft! AUTSCH!

Doch selbst wenn du es hinkriegst, immer gesund zu bleiben, dein Körper verändert sich ständig. Es ist vielleicht nicht immer angenehm, aber, nun ja, das gehört nun mal zum Leben.

Zum Auswachsen!

Dein Körper wächst und verändert sich ständig. Schon vor deiner Geburt bist du gewachsen und während der ersten 20 Lebensjahre wächst du weiter. Darüber sind deine Eltern nicht sehr glücklich, denn du brauchst dauernd neue Klamotten. Doch wenn du ausgewachsen bist, beginnt das Altern, und das ist auch nicht besonders witzig.

Lästige Kommentare

Echt schlimm am Wachsen können lästige Kommentare der Verwandtschaft sein. Jedes Jahr zu Weihnachten fallen sie in euer trautes Heim ein, schauen dich von Kopf bis Fuß an und rufen: „Nein, was bist du groß geworden!" Die beste Reaktion darauf wäre, mitleidig zu fragen …

Andererseits ist es vielleicht besser, die Klappe zu halten, sonst gibt's keine Geschenke! Hier ein paar Fakten über das Wachstum.

1. Du wächst nicht immer gleich schnell. In den ersten beiden Lebensjahren geht es relativ schnell. Danach wächst du einigermaßen gleichmäßig und in der Pubertät legst du noch einmal tüchtig los.

2. Wenn du wächst, verändern sich die Proportionen deines Körpers. Bei einem Baby macht der Kopf ein Viertel seiner Körperlänge aus, bei einem Erwachsenen nur ein Achtel.

3. Darüber können wir eigentlich ganz froh sein. Stell dir vor, wie du mit so einem Riesenkopf aussehen würdest!

Doch warum wachsen wir? Wenn du diese interessante Frage einem Wissenschaftler stellen würdest, bekämst du nicht nur eine Antwort, sondern gleich zwei!

1. Eine relativ einfache Antwort.

2. Eine unerträglich komplizierte, aber faszinierende Antwort im üblichen wissenschaftlichen Kauderwelsch.

Welche willst du zuerst hören?

Die menschliche Struktur vergrößert sich bedingt durch chromosonale und hormonelle Veränderungen, bla bla bla ...

Die relativ einfache Antwort

Die Ernährungsweise beeinflusst dein Wachstum. Bei einer ausgewogenen, reichhaltigen Ernährung wirst du größer, als wenn du nur von Abfällen lebst. Auch der Gesundheitszustand spielt eine wichtige Rolle. Manche Knochenerkrankungen verhindern zum Beispiel das normale Wachstum.

Die unerträglich komplizierte Antwort …

Wie schnell du wächst, wird von einem im Gehirn produzierten Hormon bestimmt. Doch was ist ein Hormon? Ich fürchte, das müssen wir zuerst klären, damit du die unerträglich komplizierte Antwort verstehen kannst …

Steckbrief: Hormone

Name: Hormone

Fundort: Produziert von verschiedenen Drüsen im ganzen Körper.

Erfreulich: Sie verursachen Veränderungen im Körper. Zum Beispiel sehen manche Teenager durch Hormone schon erwachsen aus.

Weniger erfreulich: Hormone können fürchterliche Probleme hervorrufen (siehe unten).

Sensationell: Cortisol, ein Produkt der Nebenniere, ist ein organischer Wecker, der dich aufweckt.

Hier sitzen die Drüsen …

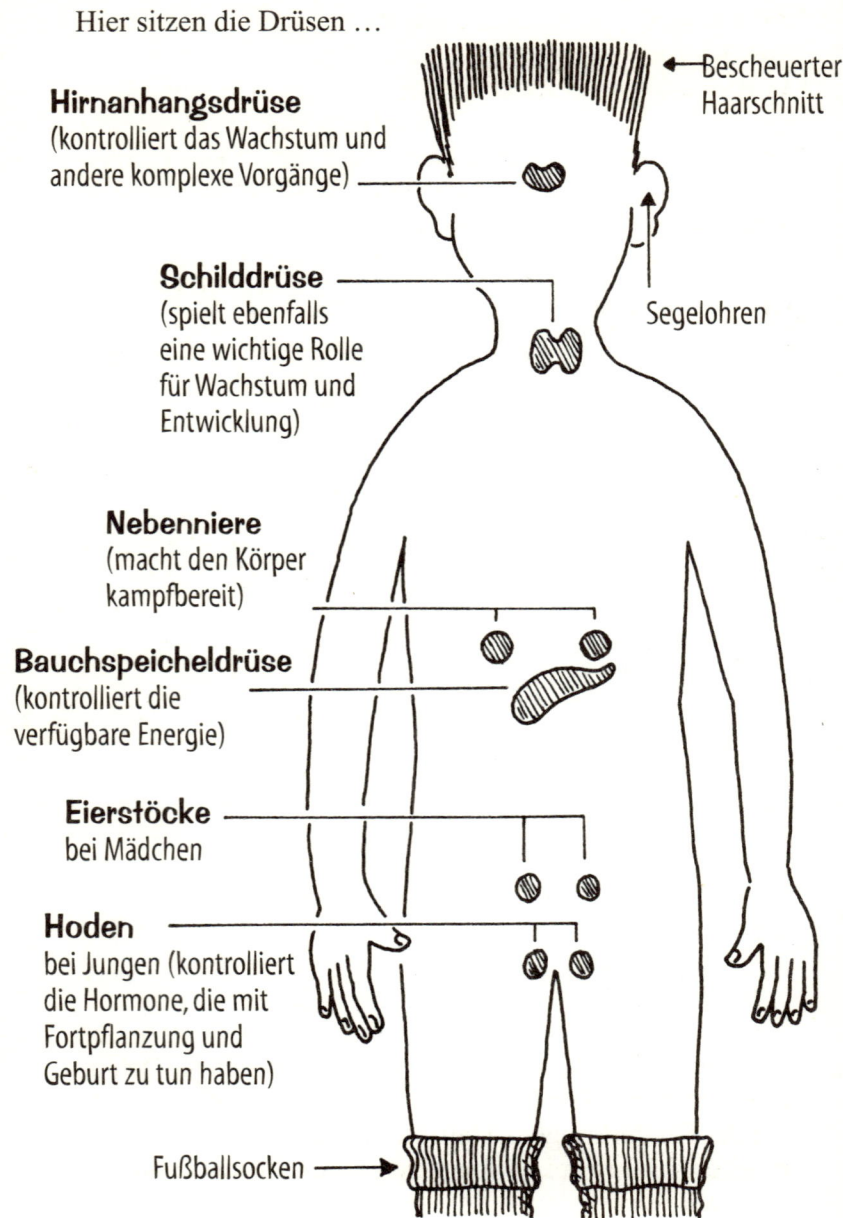

Hirnanhangsdrüse
(kontrolliert das Wachstum und
andere komplexe Vorgänge)

←Bescheuerter
Haarschnitt

Schilddrüse
(spielt ebenfalls
eine wichtige Rolle
für Wachstum und
Entwicklung)

Segelohren

Nebenniere
(macht den Körper
kampfbereit)

Bauchspeicheldrüse
(kontrolliert die
verfügbare Energie)

Eierstöcke
bei Mädchen

Hoden
bei Jungen (kontrolliert
die Hormone, die mit
Fortpflanzung und
Geburt zu tun haben)

Fußballsocken ——→

Horrende Hormonprobleme

Hier liegt die Antwort auf die Frage: Warum wachsen wir?
In der Hirnanhangsdrüse werden die Hormone produziert,
die das Wachstum anregen. Diese stoßen in einer Zelle bis
zum Zellkern vor, wo die Gene liegen. Die Hormone bringen
die Gene dazu, der Zelle zu befehlen, dass sie wachsen und
sich teilen soll, damit dein Körper wächst. Doch was um alles in der Welt sind Gene? (Wie gesagt – es wird kompliziert!)

Schon gewusst?

*Gene sind ein Teil eines fadenförmigen Gebildes namens
Chromosom. Sie enthalten einen Code (die Erbanlagen),
der das Aussehen des Körpers festlegt. Dieser Code speichert unglaublich viele Informationen. Wenn du den in
einer einzigen Zelle enthaltenen Code mit Buchstaben in
dieser Größe aufschreiben wolltest, würde der Text
10.000 Kilometer lang sein!*

Come together!

Auch wenn deine Verwandten der Meinung sind, dass du
im letzten Jahr ungeheuer gewachsen bist, ist das gar
nichts – verglichen mit dem Wachstum vor deiner Geburt!
Da du dich wahrscheinlich nicht mehr erinnerst, hier ein
Rückblick:

Die meisten Tiere vermehren sich durch Paarung. (Eine
Ausnahme sind winzige, geleeartige Wesen, die man nur
durch ein Mikroskop sehen kann: Sie teilen sich einfach in
zwei Hälften.) Wir Menschen vermehren uns ebenfalls
durchs Kinderkriegen. Stell dir vor, deine armen Eltern
müssten sich in zwei Hälften teilen, damit du ein Geschwis-
terchen bekommst!

Das Ziel der Paarung ist die Vermischung der männlichen und weiblichen Gene. Deshalb sehen Kinder meist beiden Elternteilen ähnlich.

Träger der Gene sind Sperma und Ei. Die Spermazelle stammt aus dem Hoden des Mannes, das Ei aus dem Eierstock der Frau. (Es ist allerdings nicht mit einem Hühnerei vergleichbar, man kann es nur unter einem Mikroskop sehen!) Der Vater schickt circa 400.000.000 winzige kaulquappenähnliche Spermien auf die Reise, und das Schnellste und Beste erreicht das Ei der Mutter – so bist auch du entstanden!

1+1=1!

Die befruchtete Eizelle der Mutter teilt sich in zwei Zellen und diese wieder. So werden es 4, 8, 16, 32, 64, 128, 256, 512, 1 024, 2 048, 4 096, 8 192, 16 384, 32 768, 65 536 usw. (Du kannst natürlich weiterrechnen, wenn du möchtest!)
So entstehen aus ursprünglich einer Ei- und einer Spermazelle alle Zellen eines Körpers – Muskeln, Knochen, Zähne, Gehirn, Leber, Augen, Schweißdrüsen und alles andere. Teilung und Spezialisierung setzen sich fort, und aus dem winzigen Zellenknäuel entsteht ein Baby. Ein winziges, fantastisches, brandneues menschliches Wesen.

Naturtalente ...

Vielleicht denkst du, dass Babys langweilige Ekelpakete sind. Schließlich tun sie nichts anderes als schlafen und schreien, spucken und in die Windeln machen. Aber Babys sind großartig (frag mal ihre Eltern!), und ihre Entwicklung ist ungeheuer faszinierend. Welche der folgenden Behauptungen sind jedoch zu unglaublich, um wahr zu sein?

1. In den 238 Tagen vor der Geburt nimmt das Gewicht des Babys um das Fünfmillionenfache zu. (Zum Glück lässt das nach der Geburt etwas nach!) RICHTIG / FALSCH

2. In dieser Zeit schwimmt das Baby zufrieden im Bauch seiner Mutter im Fruchtwasser herum. Es schlägt Purzelbäume und kratzt sich manchmal mit seinen winzigen Fingernägeln. RICHTIG / FALSCH

3. Das Baby wird durch die Nabelschnur ernährt, die in seinen Bauch führt. RICHTIG / FALSCH

4. In einer gewissen Phase der Schwangerschaft ist das Baby am ganzen Körper behaart. RICHTIG / FALSCH

5. Babys haben ein natürliches Gefühl für Rhythmus. Noch vor der Geburt bewegen sie Ärmchen und Beinchen im Takt, wenn sie Musik hören. RICHTIG / FALSCH

6. Direkt nach der Geburt können Babys keine Farben erkennen, nur Schwarz und Weiß. RICHTIG / FALSCH

7. Babys können viel besser schmecken als Erwachsene, weil sie 9 000 Geschmacksknospen mehr haben. RICHTIG / FALSCH

8. Babys können Gesichter wieder erkennen. RICHTIG / FALSCH

9. Ein Baby bemerkt es, wenn jemand in einer Fremdsprache spricht. RICHTIG / FALSCH

10. Babys schlafen mehr, träumen aber weniger als Erwachsene. RICHTIG / FALSCH

Im ersten Lebensjahr nimmt ein Baby im Durchschnitt 6,3 kg zu. Mit zwei Jahren kann es gehen und sprechen. Mit sechs Jahren ist es schulreif. Ab dann geht's nur noch abwärts!

Mein Baby!

... und was aus ihnen wird

Altern ist etwas Komisches. Je älter ein Erwachsener wird, desto weniger will er sein Alter verraten. Du denkst vielleicht, dein Lehrer sei 98, doch wenn du ihn fragst, wird er antworten: „Ich stehe in der Blüte meiner Jahre." Nun ja … Jedenfalls gibt es ein paar Anhaltspunkte, an denen du das ungefähre Alter eines Lehrkörpers erkennst.

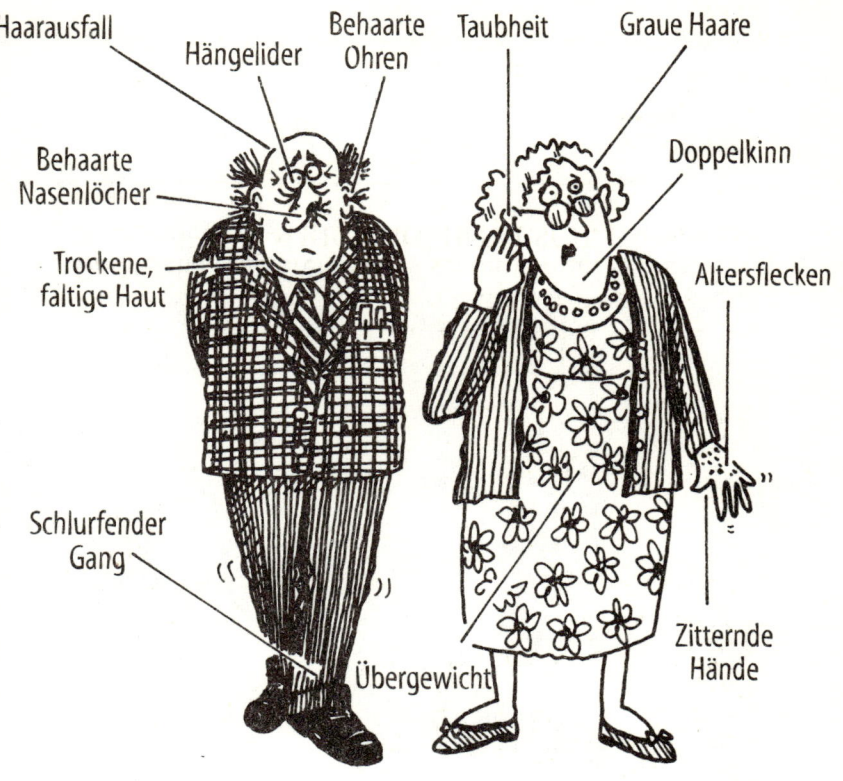

Haarausfall

Hängelider

Behaarte Ohren

Taubheit

Graue Haare

Behaarte Nasenlöcher

Doppelkinn

Trockene, faltige Haut

Altersflecken

Schlurfender Gang

Übergewicht

Zitternde Hände

Gesegnetes Alter

Aber nun glaube ja nicht, deine armen alten Lehrer gehörten zum alten Eisen. Vergiss nicht ... ältere Menschen (und dazu gehören auch Lehrer in fortgeschrittenem Alter) haben oft sehr viel Wissen und Erfahrung. Viele berühmte Leute haben ihren Beitrag zur Weltgeschichte erst im hohen Alter geleistet.

– *Dschingis Khan* (1162–1227): Der mongolische Feldherr war bereits über sechzig, als er den Großteil der damals bekannten Welt eroberte.

– *Konrad Adenauer* (1876–1967): Deutscher Bundeskanzler von 1949 bis 1963. Als er zurücktrat, war er 87.

– Die englische Schriftstellerin *Barbara Cartland* ist beinahe 90 Jahre alt und schreibt noch heute bis zu 26 Romane pro Jahr.

– *Shirali Mislimov* aus Georgien wurde angeblich 1806 geboren. Sein jüngstes Kind kam 1937 zur Welt, als er, wie er selbst sagte, 131 Jahre alt war. Shirali ging es bis 1973 bestens, dann segnete er das Zeitliche – mit 168 Jahren.

Meine Geburtstagstorten sehen allmählich etwas albern aus!

Lauter tolle Teile

Nichts und niemand ist perfekt. Unser Körper folglich auch nicht. Jeder Körper altert, schmerzt und wird zuweilen krank. Knochen können brechen. Einige Wissenschaftler wollten deshalb etwas Perfekteres als einen menschlichen Körper bauen. Einen besseren Körper oder eine Maschine, die den Körper ersetzen kann.

Aber war es den Aufwand wert? Trotz seiner Mängel ist unser Körper die fantastischste, faszinierendste Maschine im gesamten Universum. Dein Körper kann Dinge tun, zu denen eine Maschine niemals in der Lage wäre. Er kann tausende von Kilometern gehen, ohne kaputt zu gehen. Deine Fußsohlen erneuern sich von selbst und werden dicker, damit du besser gehen kannst.

Dein Körper beherrscht zahllose verschiedene Dinge, und das Tollste daran ist, dass du viele davon GLEICHZEITIG tun kannst!

– Du kannst Rad fahren und gleichzeitig dein Mittagessen verdauen.

– Du kannst Fußball spielen und dir dabei vorstellen, du seiest im WM-Finale.

– Du kannst Musik hören, deine Hausaufgaben machen und währenddessen eine Tüte Chips verdrücken!

Okay, dein Körper wird ab und zu krank. Aber meist geht es dir bald wieder besser, denn der Körper heilt und repariert sich selbst. Du musst ihn nur vernünftig ernähren und Sport treiben. Behandle deinen Körper gut – und er wird ein Leben lang halten!